미디어와 친해지는

미친 어휘력 ②

미디어와 친해지는
미친 어휘력 2

초판 1쇄 펴낸날 2021년 10월 25일
초판 2쇄 펴낸날 2024년　6월 25일

지은이 권승호
펴낸이 이건복
펴낸곳 도서출판 동녘

편집 이정신 이지원 김혜윤 홍주은
디자인 김태호
마케팅 임세현
관리 서숙희 이주원

등록 제311-1980-01호 1980년 3월 25일
주소 (10881) 경기도 파주시 회동길 77-26
전화 영업 031-955-3000 편집 031-955-3005 전송 031-955-3009
홈페이지 www.dongnyok.com **전자우편** editor@dongnyok.com
인쇄·제본 새한문화사 **라미네이팅** 북웨어 **종이** 한서지업사

©권승호, 2021
ISBN 978-89-7297-008-8 (44700)
　　　 978-89-7297-006-4 (세트)

미디어와 친해지는 어휘력

미친

vol.2

ON AIR

NEWS

권승호
지음

동녘

미디어 속 어휘를 알면 국어 실력도 쑥쑥!

바보처럼 살아왔던 것도 부끄럽지만 바보처럼 공부했던 것은 더 많이 부끄럽고 화나는 일입니다. 학창 시절에는 공부가 재미없고 하기 싫었던 이유가 잘못된 공부법 때문이었다는 사실을 몰랐습니다. 어휘력이 부족했고 한자도 잘 활용하지 못했지요. 부족한 어휘력은 이해와 암기를 어렵게 해서 공부를 힘든 일로 만든다는 사실을 이제야 알게 되었습니다.

　공부가 즐거운 일이 된 것은 단어의 뜻을 정확하게 알게 된 이후부터였습니다. 한글로 표기된 말을 한자로 바꿀 수 있는 능력이 생긴 이후 공부가 재미있게 된 것이지요. 진즉 알았으면 좋았을 것이라는 후회를 하다 말고 컴퓨터 앞에 자리를 잡았습니다. 제가 늦게 맛본 즐거움을 글로 전해 청소년들이 빨리 알면 좋겠다는 생각이 들었기 때문입니다. 교과서와 뉴스 미디어에 많이 나오지만 잘 모르거나 잘못 알고 있을 법한 어휘를 선정해 글자 그대로의 뜻을 풀이하고 관련 어휘까지 풀이한 후 설명을 덧붙였습니다. 어휘에 대한 이야기를 통해 앎의 기쁨을 맛보면 좋겠습니다. 책을 가까이 하고 나아가 공부가 재미있다는 사실까지 확인하면 좋겠습니다.

어휘력은 공부뿐 아니라 우리 삶에서 기본이자 핵심이 되는 요소입니다. 그러니 어휘력이라는 기초가 탄탄하지 않다면 좋은 성적을 받기 힘들고 관련 영역에서 최고가 되기 힘듭니다. 어휘력은 수많은 분야에서 도움이 되는 만능열쇠입니다. 그러므로 어휘력 향상을 위해 땀흘려 공부해야 합니다. 그런데 우리나라 학생들은 그 중요성을 간과하고 어휘력 공부를 거의 하지 않습니다. 영어 단어와 숙어는 열심히 외우지만 정작 우리말 단어와 숙어 공부에 할애하는 시간에는 인색하지요. 국어사전을 펼쳐 보기는커녕 인터넷 검색마저 귀찮아 대충 감으로 문맥을 이해하고 넘깁니다. 어휘력 실력이 늘 제자리걸음인 이유입니다.

모든 일에 기초가 중요하다고 외치는 사람들조차도 어휘력의 중요성에 대해서는 입을 다물어 버립니다. 운동선수에게 체력이 중요한 것인 줄은 알면서 공부하는 학생에게 어휘력이 중요하다는 사실은 모르는 것 같습니다. 무기 없이 빈손으로 전쟁터에 나가는 군인은 비웃으면서 국어사전 없이 공부하겠다고 덤비는 학생은 그 누구도 나무라지 않습니다. 학습에 쓰이는 어휘의 90%가 한자어임에도 한자를 활용해 공부하라 충고하지 않습니다. 의사소통의 중요성을 이야기하면서도 그 도구인 어휘의 중요성은 이야기하지 않습니다.

어휘력 없이 공부하는 것은 실상 모래 위에 집을 짓는 일입니다. 반대로 한자를 기초 삼아 공부하는 것은 탄탄한 땅 위에 튼튼한 기초를 쌓은 후의 건축이라 할 수 있습니다. 또 한자 공부를 함으로써 하나를 배워 열을 아는 기쁨을 얻을 수 있습니다. 많은 사람이 함께 이런 기쁨을 느끼면 얼마나 좋을까요?

그런 마음으로 저는 일상생활에서 빈번하게 접하는 어휘, 방송과 신문에서 자주 보는 어휘, 교과서에 나오는 핵심 어휘를 모아 분석하고 풀이했습니다. 귀찮고 시간이 없다는 이유로, 대충 알아도 문제가 되지 않는다는 이유로 정확한 의미를 모른 채 넘겼던 단어들의 뜻을 하나씩 풀어보았습니다. 글을 쓰면서 엉킨 실을 푸는 듯 짜릿함을 느꼈습니다. 진즉했으면 좋았을 텐데 하는 안타까운 마음도 들었습니다. 책을 읽는 독자들이 "아하! 그 말이 이런 뜻이었구나!"라고 자연스레 감탄사를 내뱉는 모습을 상상하니 행복했습니다. 이를테면 당할 피被라는 글자를 통해 독자들이 피해, 피선거권, 피살, 피고, 피보험자, 피동, 피랍, 피사체, 피검, 피의자의 정확한 뜻을 쉽게 알게 된다면 저는 보람을 느낄 것입니다.

미국 16대 대통령 링컨은 나무를 벨 여덟 시간이 주어진다면 그중 여섯 시간은 도끼날을 가는 데 쓰겠다고 했습니다. 도끼날을 가는 시간이 낭비하는 시간이 아니듯 어휘를 공부하는 시간 역시 허투루 흘려보내는 시간이 아닙니다. 어휘 공부는 한 알의 씨앗으로 열 배, 백 배를 수확하는 농사짓기입니다. 이렇게 익혀 놓은 한자는 공부를 쉽고 재미있게 만드는 요술 방망이가 됩니다. '부副'라는 글자에 버금가다, 곁따르다는 의미가 있다는 사실을 아는 것은 부회장, 부업, 부산물, 부식, 부상, 부교감신경, 부수입, 부심, 부총리의 의미를 쉽게 알려 주는 만능열쇠가 됩니다. 이로써 부작용이 어떤 일에 부수적으로 일어나는 작용이라는 사실을, 부산물이 주요 생산물의 생산과정에 곁들여 생기는 물건이라는 사실을 자동으로 깨닫는다면 참 좋겠습니다.

　아는 만큼 보인다고 했습니다. 사람은 아는 만큼 지식과 지혜를 빠르고 올바르게 습득할 수 있습니다. 사랑이 또 다른 사랑을 만들어 내듯 지식은 또 다른 지식을, 어휘는 또 다른 어휘를 만들어 냅니다.

　단, 서두르진 마세요. 지름길보다 돌아가는 길이 더 멋지고 아름답습니다. 더 많이 거두게 해 주는 행복의 길이 됩니다. 이 책이 공부가 즐거운 작업이란 사실을 깨우치는 데 길잡이가 되기를 바랍니다. 이 조그만 책이 누군가에게 공부의 즐거움을 맛보는 마중물 역할을 한다면 저는 정말로 행복하기 그지없을 것입니다.

2021년 9월
권승호

차례

1

흥미로워,
과학 어휘

2

높여 줘,
논리 어휘

3

도움 돼,
역사 어휘

4

이 뜻이야?
일상 어휘

5

다시 보여,
한자 어휘

흥미로워, 과학 어휘

1

개기일식 皆旣日蝕

- 개기일식이 발생해 주위가 잠시 어두워졌다.
- 2분간 한낮의 어둠, 칠레·아르헨티나에서 개기일식 우주쇼.
- 새해 첫 우주쇼……, 일요일 부분일식, 다음달에는 슈퍼문.

지구는 태양 주위를, 달은 지구 주위를 공전한다는 건 모두 아는 사실이지? 그런데 공전의 정확한 의미가 무엇일까? 공전은 공평할 공公과 회전할 전轉으로 이뤄진 단어로 공평하게, 그러니까 같은 속도와 같은 방향으로 돈다는 의미야. 이렇게 돌다 보면 아주 가끔 태양, 달, 지구가 일직선으로 나란히 위치하게 되어 달의 그림자가 해를 가리는 현상이 발생해. 지구에서 바라보면 태양이 달에 가려진 게 보이겠지? 이런 현상을 일식이라고해. 일식은 태양 일日과 좀먹을 식蝕으로 이뤄진 단어로 태양이 좀먹은 것처럼 보인다는 의미야.

달이 태양을 완전히 가려 버리는 경우도 있는데 이를 개기일식이라고 해. 모두 개(皆)와 이미 기(旣)가 들어간 이 단어는 모두 이미 태양을 먹어 버렸다는 뜻이야. 이럴 경우 낮임에도 밤처럼 어두워지지. 달이 태양 일부분만 가리면 부분일식, 달이 태양의 가장자리만 남겨 둔 채 가리면 금환일식이라고 해. 금환은 쇠 금(金)과 고리 환(環)으로 이뤄진 단어로 금으로 만든 반지, 즉 금반지를 의미하며 금반지 모양을 남겨 놓고 태양을 먹어 버렸다는 의미야.

달이 태양을 먹었다고?

어디 어디?

개기일식이 일어나면 온도가 5~10°C 정도 내려가고 빛도 완전히 사라져서 개와 닭 등 가축들이 울부짖기도 해. 그럴 때면 태양이 얼마나 중요한지 깨닫게 되지. 태양에 문제가 생기면 우리 지구의 모든 생명이 사라질 게 분명하니까. 옛사람들이 태양을 신으로 섬겼던 심정이 이해가 되지?

월식은 달 월月과 좀먹을 식으로 이뤄진 단어로 달이 좀먹은 것처럼 보인다는 의미야. 태양, 지구, 달 순서로 일직선상에 위치할 때 관측할 수 있으며, 지구가 달을 가려 직접적인 빛을 막고 지구 표면에서 반사된 간접적인 빛만이 달 표면에 도달할 때 나타나는 현상이야. 개기월식과 부분월식이 있는데 개기월식은 보통 1시간 40분 지속되지. 월식은 1년에 2회 정도 나타난다고 알려져 있어.

태양이 항성이라는 사실은 알지? 항성은 항상 항恒과 별 성星으로 이뤄진 단어로 위치를 바꾸지 아니하고 별자리를 구성하는 별이라는 의미야. 이와는 달리 지구를 비롯한 수성, 금성, 화성은 행성이라고 부르는데 다닐 행行이 들어간 이 단어는 멈추어 있지 않고 다니는 별이라는 뜻이야. 달을 지구의 위성이라고 하는 건 왜일까? 여기서의 위는 지킬 위衛로 지구를 지키는 것처럼 둘레를 도는 별이라는 의미지. 사실은 지키기 위해서가 아니라 행성의 인력에 의해 돌고 있겠지만. 그렇다면 인력은 무슨 뜻일까? 인력은 끌 인引과 힘 력力으로 이뤄진 단어로 끄는 힘이라는 의미야. 즉 물리적·공간적으로 떨어져 있는 물체가 서로를 끌어당기는 힘을 말하지. 만유인력의 법칙은 사과 나무에서 사과가 떨어지는 모습을 보면서 뉴턴이 발견한 사실로, 질량을 가진 모든 물체 사이에는 서로를 끌어당기는 힘이 있다고 보는 이론이야.

유충 幼蟲

- 수돗물 유충 사태는 집중호우와 관리 부실이 원인이었다.
- 모기 발생지 및 유충 서식지를 발견하면 신속하게 방역을 실시해야 한다.

물은 전기와 마찬가지로 우리 생활에 필수불가결한 것인데 가정에 공급되는 수돗물에서 유충이 발견되다니 생각만 해도 끔찍해. 사나운 짐승이라도 새끼는 귀여운 법인데 벌레는 새끼까지도 혐오의 대상이라니.

유충은 어릴 유幼와 벌레 충蟲으로 이뤄진 단어로 어린 벌레라는 뜻이야. 알에서 나온 후 아직 다 자라지 못했거나 곤충류가 부화한 후 번데기나 성충이 되기 전까지의 어린 벌레를 말하며, 애벌레 혹은 새끼 벌레라고도 하지. 이와 달리 생식능력이 있는 다 자란 곤충은 성충 혹은 엄지벌레라고 한단다. 유년기, 유소년, 유아기, 유치원 등의 유도 모두 어리다는 의미야. 수준이 낮거나 미숙할 때 유치하다고 하는데 유치는 어릴 유와 어릴 치稚로 이뤄진 단어로 어린아이 같다는 뜻이지.

앞서 나온 벌레 충이 들어가는 단어를 더 살펴볼까? 인간 생활에 손해를 끼치는 벌레를 해충, 농작물에 손해를 끼치는 병과 해충을 병해충, 벌레 먹은 치아를 충치, 벌레 죽이는 약을 살충제라고 하지. 구충제는 무슨 뜻일까? 몰아낼 구驅, 벌레 충蟲, 약제 제劑로 이뤄진 구충제라는 단어는 몸속에 있는 벌레(기생충)를 몸밖에 몰아내는 약이라는 의미야.

수돗물에서 유충이 발견된 이유는 정수장에 문제가 있기 때문이지. 정수장은 깨끗할 정淨, 물 수水, 장소 장場으로 이뤄진 단어로 물을 깨끗하게 만드는 장소라는 뜻이야. 강물이나 지하수 등을 가정에서 먹거나 사용할 수 있도록 깨끗하게 걸러내는 시설을 갖춘 곳을 일컫지.

상수도와 하수도는 어떤 차이가 있을까? 상수도는 식수용, 공업용, 방화용으로 사용할 수 있는 물을 관을 통해 보내 주는 설비를, 하수도는 가정이나 공장 등지에서 버리는 더러운 물이나 빗물 등이 흘러서 빠지도록 만든 도랑이나 설비를 말하지. 위로 올려서 사용하기에 상수도, 아래로 내려서 버리기에 하수도라고 한단다.

유충이 성충으로 되려면 번데기 단계를 거쳐야 해. 완전변태를 하는 곤충이 유충에서 성충이 되는 과정에서 한동안 아무것도 먹지 않고 고치 속에 들어 있을 때의 몸을 번데기라고 해. 지금부터 카프만 부인의 저서 《광야의 샘》에 나오는 중요한 이야기 하나 들려줄게.

카프만이 곧 나방이 될 고치를 책상에 놓고 관찰하고 있었대. 고치의 구멍이 뚫리고, 그 작은 구멍으로 힘들게 나오려는 나방이 안쓰러웠던 카프만은 가위로 구멍을 넓혀 주었대. 부인의 의도대로 나방은 넓은 구멍으로 쉽게 나올 수 있었고 좁은 구멍으로 어렵게 나온 나방보다 윤기도 나고 건강해 보였어. 잠시 후 지혜롭고 선한 일을 했다는 사실에 뿌듯해 하는 카프만 부인 눈앞에서 놀랄 만한 일이 벌어졌어.

긴 시간 몸부림을 치며 작은 구멍을 힘들게 빠져나온 나방은 훨훨 잘 날아갔는데 넓은 구멍을 쉽게 빠져나온 나방은 날지 못하고 파닥거리다 바닥에 떨어져 버렸어. 실은 구멍을 통과하면서 몸부림칠 때 나방의 어깨에 있던 영양분이 날개로 내려가므로 작은 구멍을 힘들여 빠져나와야 날개에 힘이 생겨 잘 날 수 있어. 큰 구멍으로 나온 나방의 경우 어깨에 뭉쳐 있던 영양분이 날개에 전달되지 못해 날지 못하고 죽어 버린 거야.

작은 구멍으로 나오느라 애쓰는 동안 힘을 기르고 날개의 물기도 알맞게 말라 날 수 있게 된다는 사실을 잊어서는 안 돼. 이 일화에서 시련과 고통은 삶에 보약이 되므로 피하지 말고 당당히 맞서야 한다는 교훈을 얻을 수 있지. "젊어서 고생은 사서라도 해야 한다"는 말과 일맥상통하는 일화가 아닐까?

숙주宿主

‒ 겨우살이는 참나무나 버드나무 등을 숙주로 하여 영양을 얻는다.
‒ 탁란조는 알의 무늬와 색깔이 자기 알과 가장 닮은 알을 낳는 새를 숙주로 삼는다.
‒ 기생적인 생물은 숙주에 생육을 의지한다.

무엇이 인간에게 코로나를 옮겼을까? 박쥐에서 기원해 중간 숙주를 거쳐 사람에게 전파됐다고 알려져 있어. 숙주가 뭐냐고? 숙주는 머무를 숙宿과 주인 주主로 이뤄진 단어로 머물러 있으면서 주인 행세를 하는 동물이나 식물이라는 의미야. 기생생물에 영양을 공급하는 생물이라고 하면 쉽게 이해될 거야. 마지막 숙주를 최종숙주, 발육 도중 기생하는 숙주를 중간숙주라고 한단다.

기생은 무슨 뜻일까? 맡길 기寄와 살 생生으로 이뤄진 이 단어는 남에게 몸을 맡겨 살아가는 일을 의미하지. 벌레 충蟲이 들어간 기생충이라는 단어는 사람이나 생물의 몸안이나 바깥에 붙어살면서 영양분을 빨아먹는 동물을 가리키고. 그렇기 때문에 스스로 노력하지 않고 남에게 의존해서 사는 사람을 비난조로 이를 때도 기생충이라는 말을 자주 쓴단다.

공생이라는 말은 서로 도우며 함께 산다는 뜻으로, 종류가 다른 생물이 같은 곳에 살면서 서로 이익을 주면서 함께 사는 일을 의미해.

악어와 악어새, 충매화와 곤충, 콩과식물과 뿌리혹박테리아 등의 관계를 공생의 예로 들 수 있어.

옛날에는 잔치나 술자리에서 노래하고 춤추며 흥을 돋우는 일을 하는 여성을 기생妓生이라고 불렀어. 이 단어에서 기생충을 연상하는 사람도 있겠지만 기생과 기생충은 전혀 다른 개념이야. 기생은 기생기妓에 사람을 뜻하는 접미사 생生이 붙은 단어로 흥을 돋우는 사람을 뜻하니까.

전염병을 역병이라고도 하는데 여기서의 역은 전염병 역疫으로 병원체가 일으키는 악성 유행병을 의미한단다. 역학조사는 무슨 뜻일까? 어떤 지역이나 집단 안에서 일어나는 전염병에 관해 조사하고 연구하며 예방하는 의학을 역학이라고 하므로 역학조사는 전염병의 발생 원인과 발생 지역 또는 집단의 특성을 밝히는 일을 의미하지.

전염병에 관해 이야기할 때 전수조사나 표본조사에 착수했다는 말 들어 보았지? 모두 전全과 셀 수數가 들어간 전수조사라는 단어는 전체를 세어 조사했다는 의미로, 대상이 되는 통계 집단의 단위 하나하나를 전부 조사하는 관찰 방법을 일컫는 말이야. 표본조사는 일부를 조사함으로써 모집단 전체에 관한 정보를 추측할 수 있도록 계획된 조사 방법을 의미한단다. 우듬지(나무의 끝부분) 표標와 뿌리 본本이 들어간 이 단어는 끝부분만을 보고 전체를 추측해 알아낸다는 뜻이야.

진화 進化

- 오늘날 우리가 쓰는 달력은 오랜 진화를 거친 것이다.
- 문화 진화의 양상은 매우 복잡해서 도식적 입장으로는 설명할 수 없다.
- 전자레인지용 먹을거리가 갈수록 진화하고 있다.

진화론과 창조론에 관한 논쟁은 오랜 시간 계속되었고 앞으로도 지속되겠지. 진화론은 "생물은 진화한다"는 주장으로 1859년 영국 생물학자 다윈이 《종의 기원》에서 체계화했어. 이에 비해 창조론은 "세상 모든 물질과 생명체는 무無의 상태에서 신이 창조한 것"이라는 이론이야. 이처럼 두 이론은 서로 반대되는 주장을 펼치고 있어.

　진화는 나아갈 진進과 될 화化로 이뤄진 단어로 앞으로 또는 좀 더 나은 방향으로 나아간다는 의미야. 생명의 기원 이후 생물이 점차 변화해 온 과정을 일컫지. 요즘은 의미가 확대되어 사물이 더 나은 상태로 변하여 바뀐다는 뜻으로도 많이 쓴단다. 반대말은 물러날 퇴退가 들어간 퇴화라는 단어라고 할 수 있어.

　진화의 동음이의어에 진화鎭火가 있어. 누를 진鎭과 불 화火로 이뤄진 이 단어는 화재를 눌러서 불을 끈다는 의미야. 이때의 진화 역시 의미가 확대되어 말썽, 소동 등을 해결하거나 들끓는 분위기나 상태를 평온하게 가라앉힌다는 뜻으로 많이 쓰지. "불이 한 시간 만에 진화되었다", "노사 간 갈등이 확대될 조짐을 보이자 정부에서 진화에 나섰다" 등의 문장이 그 예라고 할 수 있어.

앞서 어떤 명사 뒤에 화化가 붙으면 그 명사의 의미가 아니었던 것이 그 명사의 의미가 되었다는 뜻이라고 여러 번 설명했지? 그렇다면 문화라는 말의 의미는 무엇일까? 아마 정확한 의미를 생각해 본 적이 없을 거야. 국어사전에는 "자연 상태에서 벗어나 일정한 목적 또는 생활 이상을 실현하고자 사회 구성원에 의하여 습득, 공유, 전달되는 행동 양식이나 생활 양식의 과정 및 그 과정에서 이룩하여 낸 물질적·정신적 소득을 통틀어 이르는 말. 의식주를 비롯하여 언어, 풍습, 종교, 학문, 예술, 제도 따위를 모두 포함한다"라고 나와 있어. 이처럼 문화라는 말은 대단히 다양하고 폭넓은 의미를 지니고 있지. 그러면 문화 글자 그대로의 의미는 글이 없었는데 글이 있게 된 상태라고 볼 수 있을까? 그럴듯하지 않니?

과학의 한 분야인 화학에서 '화'는 될 화化로 변화하는 것에 대해 연구하는 학문, 즉 A가 B로 변화하는 것에 대한 공부지. 물리는 사물 물物과 이치 리理로 이뤄진 단어로 사물의 이치를 공부한다는 뜻이야. 살 생生이 들어간 생물生物이란 단어는 살아 있는 물질에 관한 학문을, 지구과학은 지구와 그 주위 천체를 연구하는 학문을 뜻하지.

습지濕地

- 이곳은 본래 미나리나 심어 먹던 논바닥 비슷한 습지였다.
- 이 풀은 건조지든 습지든 가리지 않고 잘 자란다.
- 생물적·생태적 환경으로서뿐 아니라 경제적으로도 습지는 매우 중요하다고 알려져 있다.

습지는 젖을 습濕과 땅 지地로 이뤄진 단어로 젖어 있고, 축축하고, 습기가 많은 땅이라는 의미야. 일정 기간 얕은 물에 잠겨 있어서 토양이 물로 포화 상태가 된 땅을 일컫지. 습지는 우리 삶에 매우 중요한 곳이므로 반드시 보호해야 해. 대체 어떤 역할을 하기에 그렇게 중요하냐고? 습지엔 물과 먹이가 풍부해서 아주 많은 생명체가 살고 있는데 이러한 생명체를 유지하고 보호하는 역할을 하지. 플랑크톤이나 유기물질이 많은데 이들은 수서곤충이나 어패류의 먹잇감이 된단다. 또한 곤충이나 어패류는 조류, 양서류, 포유류 등의 먹잇감이 되지. 습지가 없으면 이 커다란 먹이사슬이 사라지고 말 거야.

물 수水와 살 서棲가 들어간 수서곤충이라는 단어는 하루살이, 잠자리, 모기처럼 물속에서 사는 곤충을, 물고기 어魚와 조개 패貝가 들어간 어패류라는 단어는 어류와 조개류, 둘 양兩과 살 서가 들어간 양서류라는 단어는 물에서도, 땅에서도 사는 동물을 통틀어 일컫는 말이야.

습지는 우기나 홍수 때의 과다한 수분을 토양에 저장했다가 건기에 지속적으로 주위에 공급함으로써 수분 조절 역할을 하고 이로써 주변 지역의 대기 온도 및 습도를 조절하지. 대기로의 탄소 유입을 차단해 지구온난화의 주범인 이산화탄소 양을 적절히 조절하기도 한단다. 수질오염물질의 제거 또한 중요한 역할이야. 습지에 서식하는 동식물 및 미생물과 습지를 구성하는 토양 등은 주변에서 흘러나오는 더럽혀진 물을 흡수한 후 오염물질을 정화해 깨끗한 물로 흘려보낸단다. 습지의 이러한 자정 능력은 인간을 비롯한 모든 생물에 매우 중요한 역할을 하고 있지.

젖을 습은 축축하다, 물기가 많다는 뜻으로도 쓰이지. 공기 가운데 수증기가 들어 있는 정도를 습도, 뭔가를 만들거나 처리하는 데 액체를 사용하는 방식을 습식, 피부의 습기를 오랫동안 보존해서 열감, 가려움, 건조함 등의 불편을 줄이고 부드럽게 만드는 일을 보습이라고 해. 습기를 보호한다는 뜻이지. 또 습한 지대를 습지대, 미나리나 끈끈이주걱처럼 습지에서 자라는 식물을 습지식물, 지나치게 습한 것으로 인한 해로움을 습해, 살갗에 진물이 나는 염증을 습진, 실내 습도를 조절하는 데 쓰는 기구를 가습기라고 한단다.

땅 지는 땅이란 의미뿐 아니라 장소, 위치, 처지라는 뜻으로도 쓰여. 간척지, 토지, 택지, 묘지, 지하에서의 지는 땅이라는 의미, 관광지, 명승지, 지대, 지역, 시가지, 지방에서의 지는 장소라는 의미야.

지위에서는 위치, 역지사지에서는 처지라는 뜻이지. 역지사지는 처
지(입장)를 바꾸어서 그것을 생각한다는 말인데 여기서는 지之가 대
명사로 쓰였어.

상온 常溫

- 이 식품은 상온에서 일주일 정도 보존이 가능하다.
- 냉장식품을 상온에서 진열 판매하거나 소단위로 재포장해 팔아 온 상점들을 적발했다.
- 생닭을 상온 보관하면 살모넬라균이 최대 열네 배 증가하는 것이 밝혀졌다.

"상온에 보관하면 안 되는 식품입니다" 혹은 "상온에서 6개월 보관
해도 문제없는 식품입니다" 등의 표현을 식품 포장지에서 보았을 거
야. 식자재 보관 방법에는 냉동, 냉장, 실온, 상온 등이 있어. 냉장은
차가울 냉冷과 저장할 장藏으로 이뤄진 단어로 차갑게 저장하는 것을
의미해. 얼 동凍이 들어간 냉동이라는 단어는 차갑게 얼리는 것을 뜻
하지. 집 실室이 들어간 실온은 집 안의 온도를 일컫는 말이야.

상온은 보통 상常과 따뜻할 온溫으로 이뤄진 단어로 보통 온도라는
뜻이지. 자연 그대로의 온도, 늘 일정한 온도, 1년 동안의 평균 온도
라고 할 수 있으며 일반적으로 15~25°C 정도를 뜻해. 실온은 집 안

의 온도니까 실내 온도라고도 할 수 있어. 실내 온도는 상황에 따라 달라지므로 상온보다 범위가 넓은데 일반적으로는 1∼35℃ 정도야. 0∼10℃는 냉장 온도, 영하 18℃ 이하는 냉동 온도라고 해. 건강의 중요성은 아무리 강조해도 지나치지 않을 텐데 건강을 지키기 위해서는 식품 포장지에 적힌 보관법을 꼼꼼히 읽고 안전 보관 온도를 잘 숙지해야 해.

그런데 저온과 고온은 정확히 몇 ℃를 말할까? 만물이 그러하듯 온도 역시 상대적이어서 분명한 기준은 없어. 상황에 따라서는 60℃도 낮은 온도가, 40℃도 높은 온도가 될 수 있거든. 저온마취라는 것이 있는데 체온을 30∼33℃ 또는 그 이하로 낮추는 마취법을 말해. 저온마취를 하는 이유는 저산소 상태에 대해 주요 장기의 내성을 높이고 불필요한 생체의 반응을 억제함으로써 안전한 수술을 하기 위해서야. 주로 대혈관이나 심장 등을 수술할 때 쓰는 방법이야.

저온살균은 식품류를 60∼80℃에서 30분 정도 가열해서 살균하는 방법으로 우유, 달걀, 혈청, 맥주 등 비타민이나 단백질이 많이 들어 있어서 고온에서 변질되기 쉬운 식품을 살균할 때 이용하지.

우유를 소독하기 위해 고안된 소독법으로 63∼65℃에서 30분간 가열해서 살균하는 방법을 저온살균법, 약 80℃ 뜨거운 물로 식기를 세척해서 몸에 유해하게 작용하는 균을 없애는 방법을 고온살균법이라고 해. 물이 15℃ 이하일 때는 냉수, 60∼70℃일 때는 온수라고 하며 100°C 물은 열수라고 하지.

저온생물학은 보통 0°C 이하 혹은 그 비슷한 온도에서의 생명 현상을 연구하는 학문이야. 초저온공학에서는 영하 수십 °C에서 영하 150°C가량의 극히 낮은 온도를 다루지. 15°C 이하의 저온에서 자라는 생물을 저온생물, 체온이 평균 30°C 정도로 정상보다 낮은 어린이를 저온아라고 해. 운동 부족, 냉방, 온방, 영양상태 등이 저온아의 원인인 경우가 많다고 해.

이상저온 현상과 태풍으로 인해 사과, 배, 포도 등의 과일 값이 치솟자 냉동 과일과 수입 과일 등 상대적으로 저렴한 과일의 매출이 크게 늘어났다고 해. 이상저온은 겨울이 아닌 시기, 즉 봄부터 가을까지의 기온이 평년보다 유난히 낮게 나타나는 현상을 일컫는 말이야.

부영양화 富營養化

- 수생식물은 부영양화와 녹조를 막고 어류와 수서곤충류의 산란처를 제공한다.
- 부영양화된 물은 상수원으로 사용할 수 없을 뿐 아니라 그런 물속에서는 물고기가 살 수 없다.
- 녹조는 주로 부영양화된 호수나 유속이 느린 하천에서 생긴다.

부영양화 현상이 심각해지면서 사람들의 우려를 자아내고 있어. 부영양화 현상이 댐 전체로 번지면 댐의 물을 식수원으로 사용할 수 없고, 각종 어류나 수중생물이 죽으면 생태계가 파괴될 수도 있어. 정부나 지자체가 이런 현상의 심각함을 인식하면 좋겠고, 근본 대책을 세우자는 학자들 말에도 귀를 기울이면 좋겠어.

어떤 명사 뒤에 화化가 붙으면 그 명사의 의미가 아니던 것이 그 명사의 의미가 되었다는 뜻이라는 거 알고 있지? 그러니까 부영양화는 부영양 상태가 아니었는데 부영양 상태가 된 것이라는 의미야. 그럼 부영양이란 무엇일까? 부富가 많고 넉넉하다는 뜻이니까 영양이 넉넉하고 많아진 걸 말하지. 많아지고 넉넉해 진 것이 무조건 바람직하진 않아. 과식, 과음, 과욕. 과속, 과로, 과신은 모두 부정적 의미의 단어고, 과잉 친절이나 과잉보호도 긍정적 뉘앙스는 아니잖아. 많지도 적지도 않은 중용 상태가 가장 좋다고 할 수 있어.

호수, 강, 바다에서 미생물이 유기물을 분해함으로써 영양물질이 많아지는 현상을 부영양화라고 한단다. 영양물질이 적은 수질에서 많은 수질이 되었다는 의미지. 즉 하천과 호수에 들어온 유기물과 영양소를 양분 삼아 플랑크톤이 비정상적으로 번식하고 수질을 오염시키는 현상을 말하는 거야.

부영양화가 일어나면 광합성을 하는 생산자 생물의 양이 급격하게 늘어나 녹조와 적조가 발생하게 돼. 녹조는 강이나 호수에서 조류가 과도하게 성장하여 물의 색깔이 짙은 녹색으로 변하는 현상을 말하지. 조류는 마름(한해살이 수초) 조藻와 무리 류類로 이뤄진 단어로 엽록소를 가지고 있어서 진한 푸른빛을 띠는 한해살이풀을 의미해. 물속에 살면서 독립영양 생활을 하는 하등식물을 통틀어 일컫는 말이야. 적조는 붉을 적赤과 바닷물 조潮로 이뤄진 단어로 붉게 보이는 바닷물을 의미하지. 또한 편모충류 등의 이상 번식으로 바닷물이 붉게 물들어 보이는 현상은 적조 현상이라고 해. 적조 현상이 발생하면 바닷물이 부패하고 물속 용존산소가 급격히 감소해서 물고기와 물새들이 죽고 심한 악취까지 풍기게 돼. 녹조는 상수원으로 이용되는 강이나 호수에 발생해서 먹는 물에 영향을 주고, 적조는 주로 해안가 양식장에 영향을 미쳐 재산상 피해를 끼치지. 바닷물의 부영양화로 인해 바닷가에 붉은 띠 모양이 형성되기도 하는데 이를 적조띠라고 해.

적조 현상으로 바닷물이 부패하면 어패류가 엄청난 해를 입을 게 분명해. 바다에 적조 현상을 일으키는 생물을 적조생물, 적조 현상이 발생하여 어업 피해 우려가 있을 때 발령하는 예보를 적조예보라고 하지. 적조는 대부분 바다에서 일어나지만 늪, 호수, 연못 등에서 민물에 떠다니는 미생물의 이상 발생으로 나타나기도 해. 민물에서 발생하는 적조는 담수적조라고 한단다.

호우주의보 豪雨注意報

- 태풍이 접근하자 기상청에서는 호우주의보를 내렸다.
- 강원 영동 북부에 호우주의보가 발효 중이다.

호우주의보와 호우경보에서 호우는 무슨 의미일까? 우는 당연히 비 우雨일 텐데 호의 뜻을 유추하기가 어렵다고? 그럼 지금이라도 정확한 뜻을 알아볼까? 호우라는 단어에 들어간 호는 뛰어날 호豪야. 뛰어나고 화려하다는 뜻의 호화, 강하고 뛰어나다는 뜻의 강호, 부유함으로 뛰어나다는 뜻의 부호, 글 쓰는 능력이 뛰어난 사람을 뜻하는 문호, 뛰어나게 사치스럽다는 뜻의 호사 등에 쓰이지. 역사 시간에 자주 등장하는 호족의 호도 동일한 의미야. 뛰어난 집안, 권세가 당당한 집안을 일컫는 말이니까. 지방에서 재력과 세력을 바탕으로 힘을 과시하는 사람을 토호라고 부르기도 했어.

일정 시간 일정량 이상 많은 비가 내릴 때 기상청에서 발표하는 기상특보를 호우주의보 혹은 호우경보라고 한단다. 주의보와 경보 중 어느 것이 비가 더 많이 온다는 말일까? 주의보는 주의를 주는 예보, 경보는 경계하라는 예보야. 주의하라는 말보다는 경계하라는 말이 더 강한 느낌을 주니까 경보일 때 비가 더 많이 오겠지. 운동경기에서도 작은 파울에는 주의를, 큰 파울에는 경고를 준다는 사실을 생각하면 헷갈리지 않을 거야. 호우주의보는 세 시간 동안 70밀리미터 이상 또는 열두 시간 동안 110밀리미터 이상의 강우량이 예상될 때, 호우경보는 세 시간 동안 90밀리미터 이상 또는 열두 시간 동안 180밀리미터 이상의 비가 예상될 때 발령한단다.

호우와 비슷한 말로는 폭우가 있어, 이 단어에서의 폭은 사나울 폭暴으로 사납게 한꺼번에 많이 쏟아지는 비를 일컫는 말이야. 장마철이면 국지성폭우라는 말을 종종 듣지? 국지라는 단어는 한정된 범위의 지역이라는 의미야. "침수가 우려된다"고 할 때의 침은 담글 침浸으로 집, 논밭, 도로 등이 비로 인해 물에 잠긴다는 의미야. 범람이라는 말도 자주 들었을 거야. 넘칠 범汎과 넘칠 람濫으로 이뤄진 이 단어는 물이 넘쳐흐른다는 의미야. 바람직하지 못한 사상, 물건, 세력 등이 마구 쏟아져 나와 퍼진다는 의미로도 많이 쓰지.

눈이 많이 올 때는 제설 작업을 해야 해. 제설은 없앨 제除와 눈 설雪로 이뤄진 단어로 눈을 없애는 작업을 뜻하지. 도로변에서 제설함을 본 적이 있을 텐데 여기엔 눈을 제거할 때 사용하는 모래나 염화칼슘 등을 넣어 둔단다. 제막식이라는 말도 있어. 동상이나 기념비 등을 세운 다음 기념하기 위한 의식을 일컫지. 없앨 제除와 막 막幕이 들어간 이 단어는 막을 없애는 의식이라는 뜻이야. 보통은 완성한 동상이나 기념비에 흰 헝겊을 씌웠다가 의식을 시작할 때 관계자들이 모여

막을 내리기 때문에 그런 이름이 붙었어.

사실에 대해 알려 주는 일을 통보, 정보를 제공하는 일을 제보, 새로 들어온 사실을 빨리 알려 주는 일을 속보라고 하는데 모두 알릴 보報가 들어간 단어야. 적의 내부에 침투해 적의 형편을 살펴서 알려 주는 것을 첩보, 자세하게 알리는 것을 상보, 여러 사람에게 널리 알리기 위해 벽이나 게시판 등에 붙이는 종이를 벽보라고 하지. 홍보 대자보라는 말에도 알릴 보냐고? 당연하지. 널리 알리니까 홍보, 큰 글자를 써서 벽에 붙여 알리니까 대자보인 거야.

정전停電

- 비가 온 데다 정전까지 되는 바람에 추운 밤을 보내야 했다.
- 여름철에는 냉방기 과다사용으로 인한 정전 사고가 자주 일어난다.
- 버스가 전봇대를 들이받는 바람에 전선이 끊어져 정전 소동이 벌어졌다.

전기는 현대인의 삶에 없어서는 안 될 것 중 하나야. 전기가 없으면 삶 전체가 무너지는 건 불 보듯 뻔한 일이지. 잠시 전기가 끊어져 공급되지 않는 현상을 정전이라고 하는데 멈출 정停과 전기 전電으로 이뤄진 단어로 전기 공급이 잠시 멈추었다는 의미야. 단전과도 비슷한 말일까? 전기가 공급되지 않는건 같아도 끊을 단斷이 들어가는 단전은 일부러 전기를 공급하지 않는 상황을, 정전은 실수로 전기를 공급할 수 없는 상황을 뜻하므로 다른 의미야.

전기 전은 본래 번개를 의미했어. 빠르고 번쩍이는 번개는 빠른 것을 비유하는 말로도, 번쩍인다는 의미로도 쓰지. 매우 신속한 동작을 묘사하거나 일이 매우 빠르게 진행될 때 쓰는 전광석화라는 말은 번갯불같이 빠르고 부싯돌같이 빠르다는 뜻이야. 칠 격擊이 들어간 전격電擊이라는 단어는 번개처럼 갑자기 치는 걸 일컫지. '전격 수색 작전'처럼 급작스럽게 들이칠 때 쓰는 말이야.

물론 전은 전자의 이동으로 생기는 에너지의 한 형태인 전기라는 의미로 쓸 때가 가장 많아. 전류가 발생하거나 흘러나오는 원천을 전

원, 전류가 흐르는 선을 전선, 전구에 전력을 공급해서 빛을 내는 등불을 전등, 전기를 동력 삼아 궤도 위 차량을 움직이는 철도를 전철, 전기를 일으키는 일을 발전이라고 하지. 무전기라는 단어에도 전이 들어가는데 아무래도 이름을 잘못 붙인 것 같아. 글자 그대로라면 전기가 없는 기계라는 뜻이니까. 사실은 전화선이 없는 기계를 의미하므로 무전화선기, 무전선기, 아니면 무선전화기라고 하면 어떨까?

요즘은 전을 전자라는 의미로 많이 쓴단다. 전자제품, 가전, 전산화, 전산망, 전자우편, 전자상거래, 전송, 전광판 등의 단어가 그 예라 할 수 있어.

정전과 정전기는 전혀 다른 개념이란 사실 알고 있니? 앞서 말했듯이 정전은 전기 공급이 잠깐 중단되는 것을 뜻해. 반면 고요할 정靜이 들어간 정전기는 고요한 상태로 머물러 있는 전기라는 의미로 마찰한 물체가 띠는 이동하지 않는 전기 현상을 일컫지. 겨울철 옷에서 자주 나타나는데 섬유유연제를 사용하면 정전기 발생을 줄일 수 있어.

정전은 동음이의어가 많은 단어야. 정전停戰은 멈출 정停과 전쟁 전戰으로 전쟁 중에 있는 두 진영이 합의에 따라 일시적으로 전투를 중단하는 일을 의미해. 정전丁田은 장정 정丁과 밭 전田으로 신라 성덕왕 21년, 나라에서 15세 이상 남자에게 나누어준 토지를 일컫지. 정전正殿은 바를 정正과 궁궐 전殿으로 이뤄진 단어로 경복궁 근정전이나 창덕궁 인정전처럼 왕이 나와서 조회를 하던 궁전을 뜻한단다.

원전原電

- 원전을 건립하려면 안전성에 대한 지역 주민의 이해를 구해야 한다.
- 1978년 국내 최초로 고리원전 1호기를 건설했다.
- 원전 사고로 방사선이 유출된 지역에서 최근 기형적인 동식물이 나타나고 있다.

북한 원전 문제로 정치권의 신경전이 계속되고 있어. 원전은 원자력 발전소의 줄임말인데 원자력은 원자핵에너지를, 발전소는 전기를 발생시키는 장소를 의미해. 그러니까 원전은 원자핵이 붕괴하거나 핵반응을 일으킬 때 방출되는 에너지를 이용해 발전기를 돌리고 전력을 일으키는 시설을 갖춘 곳을 말하지.

원전과 화력발전소는 물을 끓일 때 나오는 수증기로 터빈을 돌려 전기를 생산한다는 공통점이 있어. 단, 화력발전소는 석유, 석탄 등의 화석연료를 태워 물을 끓이고, 원전은 핵분열을 할 때 나오는 에너지를 이용해 물을 끓인다는 차이가 있지. 원전은 우라늄 1그램으로 석탄 3톤이나 석유 9드럼에 해당하는 열량을 낼 수 있어 에너지 효율이 매우 높다는 장점이 있어. 하지만 원전에서는 위험한 방사성물질이 나오기 때문에 생태계를 파괴하고 인간의 생명을 위협하기도 해. 이것이 원전을 반대하는 사람이 많은 이유고, 관리를 철저하게 해야 하는 까닭이기도 하지.

요즘은 탈원전을 많이 이야기하는데 여기서의 탈은 벗어날 탈脫로 원자력발전소에 의존하는 전력 생산에서 벗어난다는 뜻이야. 즉 원자력발전소를 더 이상 사용해서는 안 된다는 주장이지. 원자력발전을 할 때 배출되는 폐기물을 안전하게 처리하는 기술을 아직 개발하지 못했고, 1986년 체르노빌원전 사고와 2011년 후쿠시마원전 사고를 통해 원전이 얼마나 무서운지를 똑똑히 목격했으니 이런 주장이 나올 수밖에 없는 거야.

인구가 늘어나고 에너지 수요가 증가하는 현실에서 화석연료는 지구온난화를 가져오는 데다 고갈되고 있기도 해. 석유, 석탄, 천연가스 등을 화석연료라고 하는데 말 그대로 화석에서 나온 연료라는 뜻이야. 바로 과학책에 나오는 그 화석을 의미하지. 지질시대 동식물의 사체나 흔적이 퇴적암 등의 암석에 그대로 남아 있는데 여기서 연료로 사용할 수 있는 탄화수소를 포함해 석유, 석탄, 천연가스 등이 나온단다.

원전의 위험성을 주장하는 사람들은 신재생에너지를 거론하고 있어. 이는 신에너지와 재생에너지를 합쳐서 부르는 말이야. 신에너지는 새로운 형태의 에너지라는 의미로 기존 화석연료를 변환시켜 이용하는 것인데 화석연료의 공해물질 배출은 줄이고 경제성을 높인 에너지라 할 수 있지. 신에너지의 종류로는 수소에너지, 연료전지, 석탄액화, 가스화 에너지 등이 있어. 수소에너지는 수소 형태로 에너지를 저장하고 사용할 수 있도록 한 에너지, 연료전지는 수소와 산소를 화학적으로 반응시켜 만드는 에너지, 석탄액화는 고체연료인 석탄을 휘발유 및 디젤 같은 액체연료로 전환시키는 기술로 만든 에너지, 가스화 에너지는 석탄을 고온·고압으로 가스화해서 얻어낸 에너지야.

재생은 다시 재再와 날 생生으로 이뤄진 단어로 다시 태어난다는 뜻이지. 그러므로 그동안 사용하지 않거나 버렸던 에너지를 사용해 만들어 낸 새로운 에너지를 재생에너지라고 해. 재생에너지는 초기 투자 비용이 많이 든다는 단점이 있지만 우리가 관심을 가지고 연구해야 할 대상인 것만은 분명해. 재생에너지에는 태양광, 태양열, 바이오, 풍력, 지력, 수력 등이 있지.

높여 줘, 논리 어휘

2

객관식 客觀式

- 수능 위주 객관식 교육, 패러다임을 바꿔야 한다.
- 유럽의 입시는 객관식이 아니라 100% 논술형이다.
- 지금 같은 객관식 시험으로는 학생의 자질을 정확하게 평가하기 어렵다.

자주 듣고 쓰는 말인데도 올바른 의미를 모르는 경우가 많은데 객관
식도 그런 단어 가운데 하나야. 단어의 정확한 뜻을 알아야 말과 글을
제대로 이해하고 남들에게도 자신의 생각과 의견을 자유롭게 표현할
수 있단다. 그러기 위해 국어사전을 친구 삼고 한자사전까지 가까이
하면 더할 나위 없이 좋겠지.

　객관식과 주관식의 뜻을 이해하려면 객관과 주관의 뜻부터 알아야
해. 객관은 손님 객客과 볼 관觀으로 이뤄진 단어로 손님이 보는 것이라
는 뜻이야. 손님은 주인이 아니므로 어떤 일에 한 걸음 떨어져 있겠

지? 그러니까 객관은 직접 관계가 없는 사람의 관점이라는 뜻이지. 즉 자신의 생각이나 감정에 좌우되지 않고 제삼자의 관점에서 사실이나 사물을 있는 그대로 보거나 생각하는 것을 의미해. 주인 주主가 들어간 주관이라는 단어는 주인, 즉 자신의 관점, 자신의 생각, 자신만의 견해를 의미하지.

객관식을 선택형이라고도 하는데 미리 제시된 선택지 중에서 정답을 고르게 하는 방식의 평가를 뜻하지. 선택형에는 선다형과 진위형이 있는데 그중 대표적인 것이 선다형이기에 일반적으로 객관식이라고 하면 선다형을 의미한단다.

선다형은 많은 것 중에서 뽑는 모형을 뜻해. 두 개 중 하나를 뽑는 모형도 있지만 보통은 네 개 중 하나, 다섯 개 중 하나를 뽑지. 네 개 중에 하나를 뽑는 것을 네 개의 가지 중에서 하나를 뽑는다고 해서 사지선다형, 다섯 개 중에 하나를 뽑는 것을 오지선다형이라고 해. 진위형은 참 진眞과 거짓 위僞가 들어간 단어로 참인지 거짓인지를 묻는 문제라는 뜻이며, 오엑스OX문제라고도 해.

주관식은 자신의 생각, 견해, 관점을 서술한다는 뜻으로 직접 정답을 작성하도록 하는 문항 형태야. 수험생의 자유 반응을 허용하고 채점 과정에서도 답의 정확성과 질을 주관적으로 판단하지. 서답형이라고도 하는데 글(문장)로 써서 답하는 형태이기 때문이야.

주어진 물음이나 지시에 따라 직접 글을 쓰는 방식인 주관식에는 완결형, 단답형, 논문형이 있어. 완결형은 완전하지 못한 글을 완전하게 마무리하게 하는 것으로 문항 중간중간 빈칸을 주고 적합한 단어나 구를 써넣게 하는 유형이야. 단답형은 간단한 단어, 구, 절, 문장 등으로 단순하게 답을 적도록 하는 유형이지. 논문형은 논리적인 글을 쓰는 유형인데 제목이나 주제만 제시하고 그에 대해 자유롭게 작성하게 하는 형식을 의미해.

객관식과 주관식은 나름대로 장단점이 있어서 어떤 방식이 더 낫다고 할 수는 없어. 장점만 활용할 수 있으면 좋지만 쉽지가 않지. 완벽한 방법도, 완벽한 제도도, 완벽한 사람도 없다는 사실을 인정하면서 어떤 유형의 문제든 조금 편안한 마음으로 받아들이면 어떨까.

은유 隱喩

- 심상을 표현하는 비유법은 직유와 은유가 대표적이다.
- "침묵은 금이고 웅변은 은이다"처럼 은유를 활용하면 생각을 더 부드럽게 전달할 수 있다.
- 의인법은 인간 아닌 사물을 인간처럼 나타내는 비유법이다.

"내 마음은 호수요/그대 노 저어 오오/나는 그대의 흰 그림자를 안고/옥같이 그대의 뱃전에 부서지리다."

김동명 시인의 〈내 마음은〉이라는 시에 나오는 이 구절은 은유법을 설명할 때 예시로 많이 인용된단다. 은유법은 숨길 은隱과 비유할 유喩로 이뤄진 단어로 사물의 상태나 움직임을 암시적으로 나타내는 수사법이야. 따라서 "내 마음은 호수"라는 말은 "내 마음은 호수처럼 넓다", "내 마음은 호수처럼 깊다", "내 마음은 호수처럼 잔잔하다"로 해석할 수 있어. "내 마음은 넓고 깊고 잔잔하다"라고 말하면 직접적 표현이지만 "내 마음은 호수요"라고 했을 땐 의미를 숨겨서 표현했기에 은유라고 하는 거야.

비슷한 성질이나 모양을 가진 두 사물을 '같이', '처럼', '듯이' 등의 연결어로 결합하여 직접 비유하는 방법은 직유법이라고 해. "내 마음은 호수요"는 은유를 이용한 표현이지만 "내 마음은 호수처럼 넓다"라고 표현하면 직유가 되지. "돌담에 속삭이는 햇발같이", "호랑이처럼 무섭다", "구름에 달 가듯이 가는 나그네"는 모두 직유법을 쓴 문장이야.

은유와 직유 모두 비유라고 할 수 있어. 어떤 현상이나 사물을 직접 설명하지 않고 비슷한 다른 현상이나 사물을 빌려 표현하는 방법을 비유라고 하지. 비유할 비譬와 비유할 유喩로 이뤄진 단어로 의인법, 활유법, 대유법, 풍유법도 모두 비유법의 일종이야. 사람 아닌데 사람인 것처럼 표현하는 것은 본뜰 의擬를 써서 의인법, 무생물을 생물로 전제하여 표현하는 일은 살 활活을 써서 활유법이라고 해.

김동명 시인의 시 〈파초〉에 나오는 "조국을 언제 떠났노/파초의 꿈은 가련하다"라는 구절이나 이육사 시인의 시 〈광야〉에 나오는 "모든 산맥들이/바다를 연모해 휘달릴 때도"라는 구절은 파초와 산맥들을 사람처럼 표현했기에 의인법이라 할 수 있어, 박남수 시인의 시 〈아침 이미지〉에 나오는 "어둠은 새를 낳고, 돌을 낳고, 꽃을 낳는다"라는 구절이나 유치환 시인의 시 〈깃발〉에 나오는 "애수는 백로처럼 날개를 펴다"를 활유법이라고 한 것은 어둠이나 애수를 살아 있는 생물로 표현했기 때문이야.

간호사를 "백의의 천사"라고 말하는 것은 환유법이라고 해. 바꿀 환, 비유할 유로 관련 있는 다른 말로 바꾸어 비유해 표현했다는 의미야. 간호사의 특징인 하얀 가운으로 간호사를 표현했기 때문이야. "대통령이 발표했다"라고 하지 않고 "청와대가 발표했다"라고 하거나 "태극기가 일장기를 눌렀

역설법

뭐래...

찬란한 슬픔의 봄...

다"라고 말하는 것도 환유법이야.

"사람은 빵만으로 살 수 없다", "약주 한잔 할까?" 같은 표현은 제유법이라고 하지. 제유는 끌 제, 비유할 유로 끌어와서 비유했다는 의미야. 부분으로 전체를 나타내는 방법으로 여기서의 빵은 식량을, 약주는 술을 의미한다.

설의법은 세울 설設과 의심할 의疑로 이뤄진 단어로 의문을 세운다는 뜻이야. "용서보다 좋은 선물이 있을까?", "어찌 행복하지 않겠는가?" 등의 문장에서처럼 알면서 모르는 척 표현하는 방법이지. 역설법은 무엇일까? 김영랑 시인의 시 〈모란이 피기까지는〉에 나오는 "찬란한 슬픔"이나 유치환 시인의 〈깃발〉에 나오는 "소리 없는 아우성"이라는 구절처럼 겉으로는 모순되는 듯하면서 사실상 진리를 표현하는 방법을 의미해. 슬픔이 찬란할 수 없고 아우성이 소리 없을 수는 없잖아. 그러면 "찬란한 슬픔의 봄"이란 무슨 뜻일까? 아름다운 모란이 지니까 슬프지만 내년 봄에 다시 필 테니 찬란하다는 뜻이야. "이것(깃발)은 소리 없는 아우성"이란 구절은 깃발이 멀리 날아가고 싶어 발버둥치면서도 깃대에 매여 있기 때문에 날아갈 수 없어서 슬픈 운명이라는 이야기야.

반어법이란 것도 있는데 반대로 말함으로써 강렬한 인상을 주고 문장에 변화를 부여하는 표현법이야. 지각한 학생에게 "참 잘했군!"이라고 하거나 약속에 늦은 친구에게 "참 빨리도 왔네!"라고 말하는 것이 그 예지. 김소월 시인의 시 〈진달래꽃〉에 나오는 "나 보기가 역겨워 가실 때에는 죽어도 아니 눈물 흘리오리다"도 반어법을 쓴 구절이야. 울지 않을 수 없는 심정을 눈물 흘리지 않겠노라며 반대로 이야기하고 있으니까.

이 모든 것을 통틀어 수사법이라고 한단다. 꾸밀 수修와 말 사辭가 들어간 이 단어는 말이나 글을 꾸미고 다듬는 기교나 방법을 뜻하지. 그런데 이렇게 표현하는 것은 ◇◇법이고 저렇게 표현하는 것은 ㅁㅁ법이라는 사실을 아는 것은 그다지 중요하지 않아. 표현된 말의 의미를 정확하게 이해할 줄 아는 능력과 말을 하거나 글을 쓸 때 이런 표현을 할 줄 아는 능력이 중요한 것이지.

문해력 文解力

- 글을 정확하게 이해하는 문해력을 그 어떤 능력보다 우선해야 한다.
- 요즘 뜨는 교육 키워드는 문해력이야.
- 문해력 향상을 위해서는 학교 내 지원뿐 아니라 학교 밖 지원도 중요하다.

우리나라 문맹률은 세계에서 가장 낮다고 알려져 있어. 이는 대단한 교육열 덕분이기도 하지만 쉽게 배울 수 있는 과학적 문자인 한글이 커다란 기여를 했지. 하지만 독해력이나 문해력에서는 사정이 달라져. 소리 내어 유창하게 글을 읽으면서도 내용을 이해하지 못하는 학생들이 너무 많기 때문이야. 글자는 정확하게 읽지만 무슨 뜻인지를 모르고 그럼으로써 사고력, 추리 상상력, 논리력, 창의력을 키워내지 못하고 있어. 왜 이렇게 되었을까? 문해력 이전에 독해력이 독해력 이전에 어휘력이 부족하기 때문이야. 과학적 글자인 한글을 어려움 없이 유창하게 읽을 수는 있지만 의미를 알지 못하니 지식을 쌓을 수 없고, 또 다른 지식으로 확장할 수 없어 더 큰 지식과 지혜의 축적이 불가능하게 된 거야.

독해력은 사실적 이해 능력, 추론적 이해 능력, 비판적 이해 능력, 창의적 이해 능력 등으로 구분할 수 있어. 글을 읽고 이해하는 데 머무르지 않고 글속에 숨어 있는 내용을 추리할 수 있어야 해. 그리고 무비판적으로가 아니라 평가하고 판단하면서 글의 내용을 받아들여야 해.

문해력은 글을 읽고 해석하는 능력을 뜻하는 말이야. 단순히 글자를 읽을 수 있는 상태가 아니라 글을 읽고 전체 내용을 이해하는 것은 물론 그 내용을 누군가에게 설명할 수 있어야만 문해력을 갖추었다고 할 수 있지. 독해력이 글을 읽고 이해하는 능력이라면 문해력은 여기에 표현력까지 더한 능력이라고 이해하면 돼. 유네스코는 문해를 "다양한 내용에 대한 글과 출판물을 사용하여 이해, 해석, 창작, 의사소통, 계산 등을 할 수 있는 능력"이라고 정의한 바 있어.

모든 학습의 기초이자 일상생활에서도 꼭 필요한 능력인 문해력을 기르도록 평소에 노력해야 해. 그러기 위해서는 독서가 가장 좋은 방법이야. 초중고교 시절은 물론 대학을 다니는 동안과 졸업한 후에도 독서를 게을리하지 말고 지식과 지혜를 쌓아야 해. 글을 읽고 이해하는 능력, 자신의 생각을 정확하게 표현하는 힘을 기르기 위해서는 시간과 정성이 필요해. 문해력은 모든 능력의 기초가 된다는 사실을 잊지 않으면 좋겠어.

지능에는 이상이 없지만 읽는 능력에 장애가 있어 글을 이해하는 데 어려움을 겪는 증세는 난독증이라고 하지. 어려울 난難이 들어간 난독증은 이해하는 데 어려움을 느끼는 증세라는 의미야. 글자를 읽을 줄도, 쓸 줄도 모르는 상태는 문맹文盲이라고 한단다. 글 문文과 눈 멀 맹盲으로 이뤄진 단어로 글 앞에서 장님이 된다는 의미야. "낫 놓고 기역자도 모른다", "가갸 뒷자도 모른다"라는 속담이 묘사하듯 글자를 보아도 읽을 수 없다는 말이지.

색깔을 구별하지 못하는 사람은 색맹, 밤에 앞을 못 보는 사람은 야맹이라고 해. 맛을 느끼지 못하는 사람은 맛 미味를 써서 미맹味盲이라 하지. 요즘은 컴퓨터를 잘 다루지 못하는 사람을 컴맹, 인터넷을 사용하지 못하는 사람을 넷맹이라고 부르기도 한단다. 네트워크를 사용하지 못하는 사람이라는 의미야.

성선설 性善說

- 유학의 정통 조류는 맹자의 성선설이다.
- 성선설이 옳으냐, 성악설이 옳으냐 하는 소모적 논쟁에 시간을 허비하지 않으면 좋겠어.
- 순자의 성악설은 유학의 한 지류에 불과하다.

성선설은 인간의 성품은 본래 착하다는 주장, 성악설은 인간의 성품은 원래 악하다는 주장이야. 성선설은 착할 선善과 성품 성性이 들어간 말이고, 성악설은 악할 악惡과 성품 성性이 들어간 말이며, 공통적으로 주장 설說이 들어가지. 사람들은 맹자가 성선설을, 순자가 성악설을 주장했다는 사실에 집착하면서 그 사실을 안다는 것 자체에 뿌듯함을 느끼는 경향이 있어. 그런데 사실 진짜 중요한 것은 맹자와 순자가 각각 성선설과 성악설을 주장한 이유 아닐까?

길 가던 청년이 불이 난 집 베란다에서 살려 달라고 소리치는 할머니를 보고 불길 속에 뛰어들어 할머니를 구출한 것을 보고 맹자라면 청년이 본래 지닌 착한 성품 때문이라고 해석하겠지. 순자라면 다르게 해석할 거야. 청년은 처음엔 두려움을 느끼고 본성에 이끌려 그 자리를 피하려 했지만 어려운 상황에 처한 사람은 구해야 한다는 교육을 받아 왔기 때문에 악한 본성을 극복하고 할머니를 구하기 위해 불속으로 뛰어들었다고 해석할 거야. 두 가지 해석 중 어떤 것이 옳을

성악설

까? 모두 일리가 있는 말이어서 누구의 주장이 정답이라고 할 수 없고 논쟁을 벌일 필요도 없어. 중요한 것은 그 주장이 어떤 상황에서 나왔으며, 그 주장에 어떤 의도가 숨어 있고, 그렇게 주장한 목적이 무엇인지 아는 것이지.

즉, 그러한 주장 뒤에 숨은 의미를 아는 것이 더 중요하다는 뜻이야. "인간의 본성은 본래 착하다는 주장이 성선설"이라는 생각을 뛰어넘어 "인간의 타고난 본성은 선하지만 나쁜 환경이나 그릇된 욕망 때문에 악하게 된다는 주장이 성선설"임을 이해할 수 있어야 해. 성악설에 관해서도 "인간의 본성은 본래 악하다는 주장이 성악설"이라는 생각을 뛰어넘어 "인간의 타고난 본성은 악하지만 교육으로 착하게 변화될 수 있다는 주장이 성악설"이라고 이해할 수 있어야 하고. 다시 말해 "선한 본성을 더럽히지 말고 발전시켜야 한다는 주장을 성선설", "악한 본성을 내버려두면 나쁜 결과를 가져오기 때문에 교육으로 바로잡아야 한다는 주장을 성악설"이라고 이해하는 데까지 사고력을 진전시켜야 한다는 뜻이야.

성무선악설이란 말이 있는데 인간의 본성은 선천적으로는 착함도 나쁨도 없다는 의미야. 성품은 오직 환경에 의해 결정된다고 보는 것으로 중국의 고자와 프랑스 루소의 주장이야. 이러한 주장이 옳다거나 그르다고는 누구도 답할 수 없으니 판단은 각자의 몫에 맡길게.

성性은 성품, 성질, 남녀의 구별이라는 의미로 많이 쓰여. 성격, 진

정성, 천성 등의 단어에서는 성품이라는 뜻, 개성, 특성, 가능성, 필요성 등의 단어에서는 성질이라는 뜻, 남성, 여성, 이성 등의 단어에서는 남녀의 구별이라는 뜻으로 썼지.

　단어 끝에 붙는 설說은 사실이나 진리가 아닌 의견이나 주장, 소문을 나타내는 말이야. 사망설은 누군가 사망했다는 소문, 가설은 어떤 사실을 설명하려고 임시로 세운 이론, 속설은 학문적·과학적 검증을 거치지 않은 채 세간에 전해 내려오는 학설이나 견해를 말하지.

귀납법 歸納法

- 특정한 규칙성을 찾아내는 방법으론 연역법과 귀납법이 있다.
- 귀납법은 경험적 사례에서 일반 법칙에 이르는 논증 방법이야.
- 자연은 모두 변증법적으로 움직이고 있다.

지식을 얻는 방법엔 무엇이 있을까? 배워서 얻는 방법과 책을 통해 얻는 방법이 있어. 관찰과 경험, 실험이라는 또 다른 방법도 있어. 사물이나 현상을 관찰, 경험, 실험하다 보면 그동안 드러나지 않았던 진리를 발견할 수 있지. 이런 방법으로 진리를 발견하고 결론을 내리는 것을 귀납법이라고 해. 돌아갈 귀歸와 거두어들일 납納으로 여러 번의 관찰과 경험, 실험을 통해 결론을 거두어들이는 방법이라고 이해하면 돼. 다음과 같은 예를 들어 볼까? "여든이 넘은 철수 할머니는 빨리 걷지 못하게 되셨다는구나. 영희 할머니도 여든이 넘은 후엔 빨리 걸을 수 없으셨대. 우리 할머니도 여든이 넘으시면서 빨리 걸을 수 없었어."

이 문장에서 세 할머니의 공통점은 여든 살이 넘었다는 거야. 이러한 사실을 바탕으로 모든 사람은 여든 살 이후에는 힘이 없어 빨리 걸을 수 없다는 진리를 발견할 수 있지. 이런 방법을 귀납법이라고 하는데 개별적인 특수한 사실이나 원리에서 그러한 사례들이 포함되는 좀 더 확장된 일반적 명제를 이끌어 내는 방법을 말하지.

이제 연역법에 대해 알아볼까? 연역은 통할 연演과 찾을 역繹으로 이뤄진 단어로 명백한 진리를 통해 또 다른 새로운 진리를 찾아내는 방법이라는 의미야. 따라서 연역법은 사물의 이치를 논리적으로 판단하는 능력을 바탕으로 새로운 진리를 찾아내는 방법을 의미해. "모든 네발 달린 동물은 날지 못한다", "사람은 네발 달린 동물이다", "그러므로 사람은 날지 못한다"처럼 결론을 도출하는 것을 연역법이라 할 수 있어. 즉 "모든 네발 달린 동물은 날지 못한다"는 일반적 진리를 통해 "사람은 날지 못한다"라는 새로운 진리를 끌어낸거야. 일반적 사실이나 원리를 전제로 개별적인 특수한 사실이나 원리를 결론으로 이끌어내는 추리 방법이라고 정리할 수 있지. 연역법의 대표

적 형식이 삼단논법이야.

귀납법과 연역법의 차이는 무엇일까? 연역법은 항상 참이지만 귀납법은 항상 참일 수 없다는 사실이야. 귀납법의 전제가 개별적으로는 참일 수 있지만 그것들을 통해 얻게 된 결론은 참이 아닐 수 있다는 이야기지. 앞에서 예를 든 '여든 살이 넘은 사람은 빨리 걸을 수 없다'도 마찬가지야. 여든 살 넘어도 빨리 걸을 수 있는 사람이 분명히 있을 것이니까.

변증법은 한 가지 주장이 나온 다음 이에 대립하는 주장이 나왔을 때 그 두 가지를 종합한 새로운 주장으로 결론을 내는 방법이야. 변증법은 분별할 변辨과 증명할 증證이 들어간 단어로 대화를 통해 따지고 분별하여 새로운 진리를 찾아 증명하고, 불확실한 것들은 가지치기를 하는 방법이야. 이를테면 "철수는 나쁜 사람이다"와 "철수는 좋은 사람이다"라는 전제에서 "철수는 나쁜 점도 있고 좋은 점도 있는 보통 사람이다"라는 결론을 이끌어 내는 방법이지. 상대방의 논리가 지닌 허점을 문답을 통해 밝혀냄으로써 자기 논리의 정당성을 밝히는 기술이라고도 할 수 있어. 서로 다른 의견을 합리적 토론으로 해결하는 것이 변증법의 목표야. 즉 내부에 존재하는 모순으로 자신을 부정하고, 다시 이 모순을 지양함으로써 다음 단계로 발전해 가는 논리적 사고법을 의미하지.

그런데 지양은 무슨 말일까? 지향과는 다른 의미일까? 지양은 멈출 지止와 올릴 양揚으로 이뤄진 단어야. 변증법의 중요한 개념으로 어떤 것을 그 자체로서는 부정하면서도 도리어 한층 더 높은 단계에서 긍정적으로 여기고 살려 내는 일을 가리키지. 하지만 보통은 "학벌주의를 지양하다", "앞뒤 가리지 않는 집단성은 지양해야 한다", "과장 광고는 지양해야 한다" 등의 문장에서처럼 무언가를 하지 않는다는 의미로 많이 쓴단다. 이 단어에서는 멈출 지에만 의미를 부여하고 올릴 양은 염두에 두지 않았으면 해.

지향에서의 향은 향할 향向이야. 가리킬 지指가 들어간 지향은 지정한 방향으로 나아간다는 의미고, 뜻 지志를 쓴 지향은 뜻을 모아 향한다는 의미야. 지향指向과 지향志向은 같은 의미로 쓰이는 경우가 많기 때문에 굳이 뜻 지志를 쓸지, 가리킬 지指를 쓸지 고민할 필요는 없어.

간과 看過

- 아무리 중요하고 좋은 일도 그에 따르는 부작용을 간과할 수는 없다.
- 어느 한 측면을 일방적으로 강조하다 보면 다른 측면을 간과하게 된다.
- 그런 사소한 일에 일일이 신경쓰다 보면 진짜 중요한 일은 간과하게 돼.

다양한 작용을 하는 약보다는 부작용이 적은 약이 좋은 약이라는 말이 있어. 부작용을 간과해서는 안 된다는 말이지. 사소한 증상도 간과하지 말라고 하잖아. 간과는 볼 간看과 지날 과過로 이뤄진 단어로, 무언가를 큰 관심 없이 보면서 대수롭지 않게 여기거나 별일 아니라는 생각으로 넘어간다는 뜻이야. 뻔히 보면서 중요하지 않다고 생각해서 내버려둘 때 쓰는 표현이기도 하고.

"묵과해선 안 된다"라는 말에서의 묵은 말없을 묵默으로, 잘못되었음을 알면서도 모른 체 말없이 지나간다는 의미야. 간과가 잘못된 줄 모르고 지나간다는 의미인 데 비해 묵과는 잘못되었음을 알면서도 넘어가 버린다는 뜻이란 게 차이점이야.

묵살이라는 말도 있어. 의견이나 제안 등에 대해 들었으면서도 말없이 죽여 버린다, 못 들은 척 무시해 버린다는 의미지. 무시는 보이지 않는 것처럼 한다, 눈여겨보지 않는다, 존재나 가치를 알아주지 않는다, 업신여기고 깔본다는 뜻이야.

회사나 상점 등에 내거는 표지판은 간판이라고 하는데 보도록 만들어 놓은 표지판이라는 뜻이야. 아픈 사람, 다친 사람, 늙은 사람, 어린아이를 돌보는 일은 보호할 호護를 써서 간호, 아픈 사람을 곁에서 돌보는 일은 질병 병病을 써서 간병이라고 한단다. 자세히 살펴보지 않은 채 대충 보고 지나가는 것은 주마간산이라고 하지. 달릴 주走와 말 마馬가 들어간 이 단어는 말을 타고 달리면서 산을 바라본다는 뜻으로 빨리 하기보다는 천천히 하는 편이 오히려 좋을 수 있다는 가르침을 주는 말이야. 독서를 할 때도 빨리 읽으면 쉽게 잊을 가능성이 있지만 천천히 읽으면 기억에 남는 것이 많아. 그러므로 많은 책을 읽는 것보다는 한두 권의 책을 많이 읽는 것이 중요해.

무언가를 간과함으로써 불행을 부를 때가 있어. 작은 불씨를 간과하는 바람에 산불이 나서 엄청나게 넓은 산이 새까만 재로 변하거나 작은 구멍을 간과하는 바람에 커다란 둑이 무너지기도 하지. 꼼꼼히 보았더라면, 무시하지 않았더라면 불행을 피할 수 있는 경우가 많다는 말이야. 세상을 살다 보면 빨리 발견하지 못하는 바람에 호미로 막을 것을 가래로 막는 고통을 겪는 경우를 많이 보게 돼. 건강검진을 중요시해야 하는 것도 이런 이유지.

때론 보고도 못 본 척, 듣고도 못 들은 척 간과하는 것이 현명할 때도 있어. 친구가 나를 뒷담화한 사실을 알았을 때, 부모님의 실수를 보았을 때, 누군가 나쁜 일을 함께하자고 유혹할 땐 간과하는 것이 최선의 선택일 수 있지. 중요한 사실은 무엇이 간과해야 할 경우인지, 그렇게 하면 안 될 경우인지 잘 판단해야 한다는 거야.

대체 代替

- 학기말 고사를 리포트로 대체했다.
- 안전하면서도 효과가 입증된 여러 가지 대체 요법을 만성 통증 치료에 사용한다.
- 철근을 대체할 수 있는 플라스틱 섬유 재질의 보강재를 개발했다.

요즘 들어 대체식품, 대체에너지, 대체활동이라는 말을 자주 듣는데 여기서의 대체는 대신할 대代와 바꿀 체替로 이뤄진 단어로 다른 것으로 대신해서 바꾼다는 의미야. 어떤 일이든 빨리 그리고 쉽게 대체할 수 있어야 자신과 주위 사람들이 편해질 거야. 늘 먹던 식품만 고집할 게 아니라 상황이 변하면 대체식품을 먹어야 하고, 지금까지 썼던 에너지를 사용하는 것이 문제가 된다면 대체에너지를 개발해야 해, 여태껏 했던 활동에 문제가 생겼다면 대체활동을 해야 하지.

대체식품은 비슷한 영양소를 함유했기에 원하는 식품을 대체할 수 있는 식품을 의미해. 소고기를 먹고 싶은데 식비 예산이 부족하면 닭고기, 돼지고기, 두부 등 양질의 단백질을 함유한 대체식품을 이용하면 되고 굳이 소고기를 고집할 필요가 없어. 인간이 느끼는 즐거움 가운데 먹기의 비중이 크잖아. 달콤한 음식을 먹을 때의 즐거움은 말할 것도 없지. 설탕은 단맛을 내는 맛의 요정 같은 식품이지만 비만 등 각종 질병을 유발해서 문제가 되므로 건강하고 현명하게 단맛을

즐길 방법을 찾아야 해. 다행스럽게도 꿀, 조청, 올리고당, 결정과당, 비정제 설탕 등 설탕을 대체할 많은 식품이 있어.

대체복무제라는 말에서의 복무는 복종할 복服과 업무 무務로 이뤄진 단어로 업무에 복종한다는 의미, 제制는 제도라는 의미야. 그러므로 대체복무제는 다른 것으로 대신하여 업무에 힘쓰는 걸 말하지. 대부분의 사람들이 군대나 관련 기관에서 복무하며 국방의 의무를 다하는 것과 달리 개인적 이유로 병역을 거부하는 사람들이 군대에서 하는 것과 비슷한 강도로 어려운 사회활동에 참가함으로써 군복무를 대신하는 제도를 대체복무제라고 해. 이때 군복무 기간보다 긴 시간 이상 사회복지 시설 등에서 사회복무요원, 사회공익요원, 재난구호요원 등으로 근무해야 해.

이제 대체재와 보완재에 대해 알아볼까? 재財는 재화라는 의미로 물건을 뜻한다고 생각하면 돼. 다만 모든 물건이 재화인 것은 아니고 사람의 욕구를 충족해 주는 물건이라야 재화라 할 수 있어. 대체재는 대체할 수 있는 물건이라는 뜻이야. 비슷한 효용을 얻을 수 있기에 서로 대체가 가능한 물건을 말하지. 이를테면 밥과 빵, 연필과 볼펜, 꿀과 설탕, 고등어와 꽁치 등이 상호 경쟁 관계에 있으면서 대체 가능한 물건들이야.

보완은 모자라거나 부족한 것을 보충해서 완전하게 한다는 의미고, 보완재는 서로 보완 관계에 있는 재화, 다른 재화와 함께 소비되어야 효용이 발생하는 재화, 서로 없으면 안 되는 재화를 일컫는 말이야. 즉 컴퓨터와 모니터, 자동차와 휘발유, 바늘과 실처럼 서로 보충하는 관계인 재화를 뜻하지. 대체재는 한쪽 수요가 늘어나면 다른 쪽 수요가 줄지만, 보완재는 한쪽 수요가 늘면 다른 쪽 수요도 늘게 되어 있어.

사이비似而非

- 사이비 언론의 횡포를 막기 위한 대책을 마련해야 한다.
- 믿음이 없으면 코로나에 걸린다고? 그게 바로 미신이고 사이비야.
- 사이비 종교에 빠져 부모 자식도 몰라본다.

사이비로 의사 행세를 하는 사람들이 있어. 이들도 의술을 쓰지만 완벽하지도, 참되지도 못한 엉터리 의술이기에 문제가 되지. 조금의 의학 지식도 있고 적당히 치료도 할 수 있어야 사이비 의사도 될 수 있어. 사이비가 되려고 해도 어느 정도 실력이 있어야 한다는 말이지. 때문에 사람들이 쉽게 사이비에 속아넘어가기도 해. 마음씨 착하고 정직한 사람처럼 행세하지만 실제로 사이비는 자신의 이익만 탐내는 위선자라는 사실을 잊어선 안 돼.

사이비는 같을 사似, 그러나 이而, 아닐 비非로 이뤄진 단어야. "겉으로는 같아 보인다. 그러나 진짜는 아니다"란 뜻이지. 다시 말해 겉보기엔 닮았지만 근본적으로는 아주 다른 것을 사이비라고 하지. 진짜와 비슷해 보이기 때문에 누구라도 안심할 수 없으니 사이비에 당하지 않도록 늘 경계하고 조심해야 해.

기성 종교와 비슷해 보이지만 내용은 완전히 달라서 사회 일반의 상식으로는 인정하기 어려운 것을 사이비 종교, 과학적으로 입증되지 않거나 상식에 어긋나는 말이나 글을 사이비 진술, 사회의 일반 시민단체를 가장하여 권력과 돈을 얻는 단체를 사이비엔지오NGO라고 한단다.

자신이 믿는 종교의 교리에 어긋나는 이론이나 행동 또는 자신의 종교 교리에 어긋나는 종교를 가리켜 이단이라고 하지. 이단은 다를 이異와 실마리 단端으로 이뤄진 단어로 실마리가 다르다는 뜻이야. 감겨 있거나 헝클어진 실의 첫머리, 즉 일이나 사건을 풀어 나갈 수 있는 첫머리를 실마리라고 하며 출발점과 비슷한 의미로 보면 돼. 이단은 전통이나 권위에 반항하는 이론과 주장을 의미하거나 일반적 상식에 반하여 자신의 개성을 강하게 주장하는 사람을 가리키는 말이기도 해.

근원 종宗과 가르칠 교敎로 이뤄진 종교라는 단어는 글자 그대로 풀이하면 근원에 대한 가르침이라고 할 수 있어. 국어사전에는 "신이나 초자연적인 절대자의 힘에 대한 믿음을 통하여 인간 생활의 고뇌를 해결하고 삶의 궁극적 의미를 추구하는 문화 체계"라고 나와 있지.

사이비와 비슷한 말로는 거짓 위僞가 들어간 단어인 위조, 위작, 모조, 모방 등이 있어. 위조는 속일 목적으로 진짜인 것처럼 꾸며서 만드는 것, 위작은 속여서 진짜처럼 만드는 것을 뜻하지. 이미 있는 것을 그대로 따라 하거나 본떠서 만드는 것을 본뜰 모模를 써서 모조, 다른 것을 그대로 본떠서 만들거나 옮겨 놓는 것을 본뜰 방倣을 써서 모방이라고 한단다.

고무적鼓舞的과 회의적懷疑的

- 작품에 대한 전문가들의 평가는 무척 고무적이었다.
- 확진자가 큰 폭으로 줄은 것은 고무적이다.
- 정부의 교육 정책에 많은 학자들이 회의적 태도를 보였다.

"동네 서점을 살리기 위한 다양한 정책을 펼치고 있다는 것이 고무적이다", "무득점을 깬 사실은 고무적이다" 등의 문장에 나오는 고무는 북 칠 고鼓와 춤출 무舞로 이뤄진 단어로 북 치고 춤추고 싶을 정도로 즐겁고 신난다는 의미야. 힘내도록 격려하며 용기와 의욕을 북돋는다는 뜻에서 "고무적인 일", "고무적 반응"과 같은 식으로 많이 쓴단다.

품을 회懷와 의심할 의疑가 들어간 회의적이라는 단어는 의심을 품는다는 뜻으로 무언가에 확신을 가지지 못하는 상태를 일컫지. 주로 "그 일에 회의적이다", "회의적 태도를 보였다" 등의 문장에서처럼 쓰곤 해.

상투적은 무슨 의미일까? 항상 상常과 방법 투套가 들어간 이 단어는 항상 그렇게 함으로써 버릇이 되었다는 의미야. 이를테면 "상투적 표현", "상투적 수법", "상투적이어서 지루하다"는 식으로 사용하지.

스스로 자自와 비웃을 조嘲가 들어간 자조적이란 단어는 스스로를 비웃는다는 뜻이야. "시험에 합격하지 못한 동생이 자조적 태도로 힘없이 대답했다", "자조적 웃음을 띠었다" 등의 문장에서처럼 쓰곤 하지.

낭만적 분위기를 선호하는 사람들이 많을 텐데 이때의 낭만은 한자의 뜻과는 관계가 없는 단어야. 물결 낭浪과 질펀할 만漫으로 이뤄진 이 단어는 물결과도, 질펀함과도 아무 상관이 없지. 아름다움과 관계가 없는데도 아름다울 미美를 써서 미국이라고 하거나 꽃부리와 관계가 없는데도 꽃부리 영英을 써서 영국이라고 한 것처럼 뜻과 관계없이 한자의 음만을 가져다 만든 말이거든. 이런 표기 방식을 음차라고 해. 소리 음音과 빌릴 차借로 이뤄진 이 단어는 뜻은 빌리지 않고 소리만 빌렸다는 의미야. 로망이라고 발음하는 영어의 'roman'이라는 단어를 비슷한 발음의 한자 '浪漫'으로 표기함으로써 발음만 그대로 빌려 쓴

미친 어휘력 2

게 대표적 예라고 할 수 있어. 그렇다면 '낭만적'은 어떤 의미일까? 현실적이지 않고 신비적·공상적이라는 뜻이야. 현실에 얽매이지 않고 감상적·이상적으로 사물을 대하는 태도를 말하기도 하지.

감정과 관련된 단어를 몇 개 살펴볼까? 냉소적은 찰 냉冷과 웃을 소笑로 이뤄진 단어로 차갑게 웃는다 혹은 무관심하거나 쌀쌀한 태도로 비웃는다는 뜻이야. 좋을 호好와 뜻 의意가 들어간 호의적이라는 단어는 좋게 생각하는 마음이라는 의미지. 곁 방傍과 볼 관觀이 들어간 방관적이라는 단어는 어떤 일에 직접 관여하지 않고 곁에서 구경하듯 보는 것을 뜻해. 슬플 애哀와 상처 상傷이 들어간 애상적이라는 단어는 슬퍼하고 가슴 아파하는 걸 일컫지. 돌 회回와 돌아볼 고顧가 들어간 회고적이라는 단어는 지난 일을 돌이켜 생각한다는 뜻이야. 펼칠 서抒와 뜻 정情이 들어간 서정적이라는 단어는 정서적 감흥을 펼쳐낸다는 뜻이지.

'역설적'과 '역설했다'는 완전히 다른 의미라는 사실도 알아 둬. 거스릴 역逆이 들어간 '역설적'은 겉으로는 모순되고 부조리해 보여도 그 속에 진실을 담고 있다는 뜻이고, 힘 력力과 말씀 설說이 들어간 '역설했다'는 힘주어 말했다는 뜻이니까.

도움 돼, 역사 어휘

3

월북越北

- 월북자 가족이라는 굴레가 평생 그를 따라다녔다.
- 최근 월북 작가들의 문학적 업적이 재평가되고 있다.
- 그녀는 피란길에 남편이 폭사하자 아이를 데리고 혼자 월남했다.

6·25전쟁이 일어나기 전 자진 월북한 작가들과 전쟁 중 납북된 작가들을 합하면 무려 100여 명에 이르지만 1988년 올림픽 직전에 해금될 때까지 그들의 작품을 교과서에서 찾아볼 수 없었어. 월북은 넘을 월越과 북녘 북北으로 이뤄진 단어로 북쪽으로 넘어간다는 의미지. 삼팔선이나 휴전선 넘어 북으로 가는 일을 일컫는 말이야. 반대로 월남은 삼팔선이나 휴전선 넘어 남쪽으로 온 것을 의미해.

끌고 갈 납拉이 들어간 납북이라는 단어는 북쪽으로 끌고 간다는 뜻으로 월북과는 의미가 달라. 월북과 납북의 차이는 행위의 자발성과 강제성 여부야. 자발적으로 넘어갔을 땐 월북, 강제로 끌려갔을 땐 납북이라고 하지. 벗어날 탈脫이 들어간 탈북은 북한을 탈출했다는 말이야. 북한을 탈출한 사람은 탈북자, 탈북인, 탈북민이라고 부른단다.

과거엔 겨울이 오기 전에 월동 준비를 했어. 월동은 넘을 월越과 겨울 동冬으로 이뤄진 단어로 추운 겨울을 지내기 위한 준비라는 뜻이야. 월권행위는 자신의 권리를 넘어 자기 권한 밖의 일까지 간섭한다는 의미지. "저 친구는 학업성적이 월등하다"고 할 때는 보통의 무리보다 뛰어나다는 의미야. 다른 것이나 다른 사람들과 견주어 정도 이상으로 수준이 뛰어나다는 말이지. 국경을 넘는 일은 월경, 담을 넘는 일은 월담이라고 해.

월척이라는 재미있는 단어도 있어. 낚시로 큰 물고기를 잡았을 때 월척이라는 말을 쓰는데 넘을 월越과 자 척尺으로 이뤄진 이 단어는 한 자가 넘는다는 의미야. 한 자가 약 30cm니까 낚시로 잡은 물고기의 크기가 30cm가 넘는다는 말이지.

구약성경 〈출애굽기〉에 나오는 유월절이란 말은 무슨 뜻일까? 넘을 유逾, 넘을 월越, 경사스러운 날 절節로 이뤄진 이 단어는 죽음의 상황을 넘긴 것을 기념하는 날이라는 의미지. BC 13세기, 하나님은 이스라엘 노예들을 풀어 주도록 하기 위해 애굽(이집트)에 열 가지 재앙을 내렸는데 그 마지막 재앙은 애굽에 태어난 모든 아이를 죽이는 것이었어. 모세는 이스라엘 백성들에게 문설주에 어린 양의 피를 발라 두면 밤에 하나님께서 보내신 죽음의 사자가 그 집은 지나칠 거라고 일러두었어. 죽음의 사자는 모세의 말대로 어린 양의 피를 문설주에 바른 이스라엘 백성들의 집은 그대로 두었고 이스라엘 백성들은 죽음을 피하고 구원받을 수 있었을 뿐 아니라 애굽에서 풀려났단다. 이를 기념하는 절기를 유월절이라고 해. 즉 이스라엘 백성이 애굽에서 구원된 해방의 날을 기념하는 절기라는 말이지.여기서의 사자는 밀림의 왕 사자가 아니라 사신 사使와 사람 자者로 이뤄진 단어로 심부름하는 사람이라는 의미야.

광복절 光復節

- 광복 70년이 넘도록 일본 정부는 진심어린 반성이 없다.
- 국경일인 광복절에 태극기를 다는 가정이 줄어들고 있다.
- 제헌절을 공휴일로 제정하자는 목소리가 높아지고 있다.

현충일은 국경일일까? 아니, 국경일이 아니라 기념일이야. 그럼 제헌절은? 국경일이 맞아. 그런데 왜 공휴일이 아니냐고? 국경일이어도 공휴일이 아닐 수 있고, 국경일이 아니어도 공휴일일 수 있다는 게 답이야.

국경일은 나라의 경사스러운 날이라는 뜻이야. 대한민국 정부는 현재 삼일절, 제헌절, 광복절, 개천절, 한글날을 국경일로 지정해 놓았어. 드러낼 현顯과 충성 충忠이 들어간 현충일이라는 단어는 나라를 위해 충성한 사람들의 업적을 드러내는 날이라는 의미야. 따라서 경사스러움과는 상관이 없기에 국경일은 아니지만 기념하는 날이기에 기념일이야. 즉 축하하거나 기릴 만한 일이 있었던 날을 해마다 기억하며 기념, 감사, 추모, 다짐, 공경 등의 마음을 되새기는 날이지. 어린이날, 어버이날, 민주화운동 기념일 등을 예로 들 수 있어.

성탄절, 부처님오신날, 설날, 추석 등은 법정공휴일이라고 해. 법으로 정해졌다는 뜻의 법정, 모두 함께 쉬는 날이라는 뜻의 공휴일을 합

한 말이지. 일요일은 당연히 법정공휴일이야. 삼일절, 광복절, 개천절, 한글날은 국경일이기도 하고 공휴일이면서 기념일이기도 해. 제헌절은 국경일이면서 기념일이긴 해도 공휴일은 아니란 걸 알아 둬.

광복절은 무슨 뜻일까? 빛 광光, 회복할 복復, 경사스러운 날 절節로 이뤄진 이 단어는 빛을 회복한 경사스러운 날이라는 의미지. 해방은 풀 해解와 놓을 방放으로 이뤄진 단어로 억압에서 풀려나고 구속된 상태에서 놓여 진다는 뜻이야. 비슷한 예로 독립도 있는데 홀로 독獨과 설 립立으로 이뤄진 이 단어는 홀로 선다는 의미지.

만들 제制와 법 헌憲이 들어간 제헌절은 헌법을 만든 경사스러운 날, 열 개開와 하늘 천天이 들어간 개천절은 하늘이 열린(나라가 세워진) 경사스러운 날이라는 뜻이야. 그렇다면 삼일절의 뜻은? 1919년 3월 1일, 한민족이 일본의 식민통치에 항거하고, 독립선언서를 발표하여 한국의 독립 의사를 세계만방에 알린 날을 기념하는 날이야.

4월 5일은 식목일이야. 심을 식植과 나무 목木이 들어간 이 단어는 나무 심는 날을 의미하며 언 땅이 녹아 나무 심기가 가능해지는 온도를 고려해 선택한 날이야. 그런데 지구온난화로 점차 기온이 상승하므로 식목일을 3월로 앞당기는 방안이 추진되고 있어. 새순이 나오기 전 묘목을 옮겨 심어야 뿌리의 활착률이 높아진다는 연구 결과 때문이라고 해.

그 사회 사람들 대부분이 전통적으로 해마다 즐기고 기념하는 날

을 명절이라고 하지. 설날과 추석만이 아니라 정월 대보름, 한식, 단
오, 유두, 백중, 동지 등도 우리나라 전통 명절이야. 명절의 의미는 무
엇일까? 이름을 지어 줄 만큼 좋고 의미 있는 날이기에 이름 명名을
써서 명절이라고 한 게 아닐까?

열강 列強

- 제국주의시대에 서구 열강들은 약소국을 정복해 식민지로 삼았다.
- 식민지를 개척한 서구 열강들은 무역 독점권을 쥐었다.
- 제국주의 열강들은 피압박 민족의 자유와 독립에 아무런 관심을 갖지 않았다.

19세기와 20세기에 서구 열강들은 자민족중심주의에 빠져 침략과
식민지 지배를 정당화했고 많은 약소국들은 그들의 지배를 받으며
엄청난 고통을 받아야 했어. 한반도가 북위 38도선을 경계로 남북으
로 나뉘어 분단국가가 된 것도 미국과 소련 등 열강들이 자국의 이익
을 추구하려 했기 때문이야.

열강은 여러 열列과 굳셀 강強으로 이뤄진 단어로 여러 강한 나라라
는 의미야. 즉 국제 관계에서 강력한 권한을 행사하는 힘있는 여러 강
대국을 뜻하지. 사실 우리나라에 대한 수탈도 처음에는 열강들이 시

작했어. 구한말 한반도는 이권을 따내기 위한 서구 열강들의 싸움터였지. 아관파천 이후 러시아가 이권을 차지하면서 일본, 미국, 프랑스, 독일 등도 최혜국조항을 근거로 각종 이권을 요구했고 철도 부설권, 광산 채굴권, 삼림 채벌권 등이 무차별적으로 열강에 넘어갔어. 이에 따라 독립협회도 여기에 맞서는 이권수호운동을 전개하게 되었지. 열강들은 2차 세계대전이 끝날 때까지도 국제 문제에서 큰 영향력을 행사했어.

패권주의라는 말 들어 보았니? 패권은 두목 패覇와 권력 권權으로 이뤄진 단어고 패권주의는 두목처럼 무력으로 세상을 다스리고 권력을 행사하겠다는 사고방식을 의미해. 즉 강력한 군사력으로 세계를 지배하려는 강대국의 제국주의적 대외 정책을 일컫지. 1968년 소련의 체코 침략을 중국이 비난하면서 처음으로 이 용어를 사용했고, 강력한 군사력을 이용해 세력을 확장하려는 소련과 미국의 외교 노선을 비판할 때 쓰는 말이야.

민족문화의 전통을 계승하는 것은 국수주의나 배타주의와 다르다고 주장하는 사람들도 있어. 나라 국國과 순수할 수粹가 들어간 국수주의라는 단어는 자기 나라 것만 순수하고 뛰어나다고 생각하는 태도를 의미하지. 즉 자기 나라의 고유한 역사, 전통, 정치, 문화를 가장 뛰어난 것이라고 믿는 극단적 태도나 경향을 의미해. 배타주의는 물리칠 배排와 다른 사람 타他가 들어간 단어로 나와 다른 사람이나 생각을 배척하는 태도나 경향을 일컫는 말이야.

지금 우리 사회에 만연한 문화적 사대주의를 안타까워하는 사람들이 있어. 사대주의는 본래 섬길 사事와 클 대大가 들어간 단어로 주체성 없이 강한 나라를 섬기는 태도를 말해. 즉 세력이 큰 나라나 세력권에 붙어 그 존립을 유지하려는 것을 뜻하지. 그러므로 문화사대주의는 자신의 문화보다 우월하다고 믿으면서 타 문화를 무비판적으로 숭상하고 자신의 문화는 업신여기고 낮게 평가하는 태도를 일컫는 말이야.

제국주의 帝國主義

- 일본제국주의 침략에 반대하는 애국주의운동을 광범위하게 펼쳤다.
- 일본이 도쿄올림픽으로 제국주의 향수를 불러일으켜 논란이 됐다.
- 영국 박물관의 역사는 제국주의의 역사다.

우리에겐 일제의 온갖 수탈과 착취에 시달리고, 징병과 징용으로 생명을 잃거나 고통 속에 숨죽여 지내던 시절이 있어. 그런데 일제라는 단어의 의미도 모르면 안 되겠지. 일제는 일본제국주의의 줄임말이야.

그렇다면 제국주의의 뜻은 무엇일까? 임금 제帝와 나라 국國이 들어간 이 단어는 "황제가 다스리는 나라(큰 나라)를 건설하겠다는 야망을 가지는 경향"이라는 의미야. 우월한 군사력이나 경제력으로 다른 나라나 민족을 정벌해 커다란 국가를 건설하려는 침략주의 혹은 자기 나라의 정치적·경제적 지배권을 다른 나라까지 확대하려는 정책으로 이해하면 돼. 15세기부터 세계의 강대국들은 자국의 이익을 위해 후진국을 침략해 식민지로 만드는 활동을 했어. 20세기 초까지도 일본, 이탈리아, 독일, 소련, 미국 등은 강력한 제국주의 정책을 펼쳤지.

우리 역사에서는 경술국치부터 해방까지를 식민지시대라고 해. 심을 식植, 백성 민民, 땅 지地로 이뤄진 이 단어는 침략자가 자신의 백성을 심어 다스리는 땅이라는 의미로, 침략국에 지배받는 지역이라 할 수 있지. 우리는 1910년부터 무려 36년 동안이나 일본 식민지로서 일본인들의 지배를 받아야 했어. 이 시기를 일제강점기라고도 하는데 일본제국주의에 강제로 점령당한 시기라는 뜻이지. 일제강점기에는 정치적·경제적으로 일본에 예속되었고 국가로서의 주권을 상실했으며, 일본의 식량이나 원료 공급지 혹은 일본 상품의 시장으로 이용되기도 했어.

일제강점기에는 일본의 강요에 의해 성과 이름을 일본식으로 바꿔야 했는데 이를 창씨개명이라고 했지. 만들 창創, 성씨 씨氏, 고칠 개改, 이름 명名으로 이뤄진 이 단어는 성을 새로 만들고 이름을 바꾼다는 의미야. 일제는 창씨개명을 하지 않은 사람들의 학교 입학을 거부하고, 기관 채용 시 불이익을 주었으며, 징용에 끌고 가기도 했어. 이에 반발하다 감옥에 갇힌 사람이 많았고 심지어 자결한 사람도 있었지.

징용은 부를 징徵과 쓸 용用으로 이뤄진 단어로 전쟁 등 비상사태 시 국가가 권력을 이용해 국민을 특정 업무에 종사시키는 것을 의미해. 일본인들은 일제강점기 때 조선인들을 억지로 끌고 가서 탄광에서 노역을 시키거나 군사기지나 철도 건설에 동원했어. 전쟁을 지원하기 위해 노동을 시키기도 했지. 이렇게 힘들고 위험한 일을 강요하면서 보수도 주지 않고 노예처럼 부려먹기만 했어. 징용에 끌려간 후 살아 돌아온 사람도 있지만 엄청난 사람들이 죽고 행방불명되었어. 우리 민족은 이런 일제의 만행으로 많은 아픔을 겪어야 했지. 일제는 침략 전쟁을 위해 조선의 젊은이들을 군인으로 뽑아가기도 했는데 이를 징병이라고 했어. 징용과 징병은 이처럼 빼놓을 수 없는 우리의 아픈 역사란다.

일제는 우리 농민들의 양식을 몽땅 빼앗아 가는 야만스러운 일을 하기도 했는데 이를 공출이라고 했어. 바칠 공供과 내보낼 출出로 이뤄진 이 단어는 일제가 민간인들로 하여금 식량이나 물자 등을 강제로 바치게 한 것을 의미하지. 농사지은 쌀을 일제에 몽땅 빼앗기고 초근목피로 연명해야 한 선조들의 아픔을 생각하면 지금도 분노가 일고, 다시는 나라 잃은 슬픔을 경험해선 안 된다고 다짐하게 된단다.

일제강점기에 일본은 일반 백성뿐 아니라 종교인에게도 신사참배를 강요했어. 이를 거부한 수많은 사람들이 감옥에 가고 옥중에서 순교한 목사님들도 있었지. 신사는 일본에서 왕실의 조상이나 고유한 신앙의 대상인 신 또는 국가에 공로가 큰 사람을 신으로 모시는 사당을, 참배는 참여하여 절한다는 의미로 신이나 부처에 절하는 일을 말하지. 그러므로 신사참배는 일본이 천황 이데올로기를 주입하기 위해 곳곳에 신사를 세우고 강제로 참배하게 한 일을 일컫는 말이야. 천황을 신격화함으로써 식민지 지배를 확고히 하겠다는 정책의 일환이었지.

순국선열 殉國先烈

- 국방부 장관이 호국보훈의 달을 맞아 순국선열을 참배했다.
- 이번 여행은 호국 영령들의 고귀한 희생정신을 기리는 시간이었다.
- 우리는 전몰장병을 위한 묵념의 시간을 가졌다.

학창 시절, 현충일에 TV에서 "순국선열과 호국 영령들에 대한 묵념을 올리겠습니다. 묵념 시작"이라고 사회자가 말하면 순국선열이 누구인지, 호국영령이 무슨 뜻인지도 모르면서 고개를 숙였어. 심지어 묵념을 그냥 고개 숙이는 일로 생각하기도 했지, 이 단어들이 어떤 뜻인지 의문을 갖지 않았던 것 같아.

순국은 목숨 바칠 순殉과 나라 국國으로 이뤄진 단어로 나라를 위해 목숨 바치는 일이라는 의미야. 선열은 먼저 선先과 굳셀 열烈로 이뤄진 단어로 나라를 위해 충성을 다해 싸우다 죽은 굳센 사람이라는 의미지. 호국은 나라를 보호한다는 뜻이란 걸 쉽게 알 수 있겠지? 영령은 꽃부리 영英과 영혼 령靈으로 이뤄진 단어로 꽃잎처럼 아름다운 영혼이라는 뜻이야. 그래서 목숨을 바쳐 나라를 지킨 명예로운 영혼을 호국영령이라고 하지.

묵념이란 단어도 의미를 생각해 본 적 있니? 눈 감고 고개 숙이는 일로 생각하기 쉬운데 그런 뜻이 아니야. 묵념은 말없을 묵默과 생각념念으로 이뤄진 단어로 말없이 생각한다는 뜻이야. 죽은 사람을 추모하기 위해 머리를 숙이는 일이고 경건한 마음으로 조용히 명복을 비는 일이지.

명복을 빈다고 했는데 이때 명복은 저승 명冥과 복 복福으로 이뤄진 단어로 죽은 뒤에 저승에서 받는 복이라는 의미야. "유명을 달리했다"라고 할 때의 '명'도 저승 명일까? 이때는 밝을 명明을 쓴단다. 어두울 유幽와 밝은 명으로 이뤄진 이 단어는 어두운 저세상과 밝은 이 세상을 다르게 했다는 의미로 밝은 이 세상에서 어두운 저세상으로 갔다는 말이야.

'유관순 열사', '이준 열사', '순국열사', '민주열사' 처럼 열사라는 말을 쓸 때가 있고, '안중근 의사', '윤봉길 의사' 처럼 의사라는 말을 쓸 때가 있으며, 애국지사, 독립지사, 독립투사라는 말을 쓰기도 하지. 그렇다면 열사, 의사, 지사, 투사는 의미가 어떻게 다를까? 이 네 단어에서 앞의 글자는 각각 굳셀 열, 의로울 의義, 뜻 지志, 싸울 투鬪로 모두 다르지만 뒤의 글자는 모두 선비 사士로 같아. 글자만으로는 정확한 뜻을 구별하기 어려운 비슷한 단어들이지. 굳셀 열, 세찰 열이 들어간 열사라는 단어는 세찬 기운을 가진 선비라는 의미로 맨몸으로 항거하다 돌아가신 분을 가리키는 말이야. 의로울 의가 들어간 의사라는 단어는 의로운 선비, 즉 무력을 사용하여 싸우다 의롭게 돌아가신 분이라는 의미지. 뜻 지가 들어간 지사라는 단어는 나라와 민족을 위해 제 몸을 바쳐 일하려는 뜻을 가진 선비를, 싸울 투가 들어간 투사라는 단어는 싸움을 마다하지 않은 선비를 일컫지.

유엔군 전몰장병의 위령비를 본 적이 있니? 전몰장병은 전쟁 전戰, 죽을 몰歿, 장수 장將, 병졸 병兵로 이뤄진 단어로 전쟁터에서 싸우다 죽은 장수와 병졸을 가리키는 말이야. 위령비는 위로할 위慰, 영혼 령, 비석 비碑로 이뤄진 단어로 죽은 영혼을 위로하기 위해 만든 비석이라는 뜻이지.

제3세계第三世界

- 제3세계 국가들은 여전히 내외적으로 정치적 불안 요인을 지니고 있다.
- 제3의 방안이 무엇일지 연구하라.
- 여·야 어디에도 속하지 않고 홍길동 후보는 제3지대를 걷기로 했다.

학문의 즐거움을 이야기할 때면 나는 고등학교 국어 시간에 접했던 양주동 박사의 수필 〈면학의 서〉 마지막 부분을 즐겨 인용하곤 해. 양주동 박사는 독학으로 영어 문법을 공부하던 중 3인칭 단수라는 말의 뜻을 몰라 며칠을 고민했어. 그는 3인칭이라는 말의 뜻을 알고 싶다는 욕망을 참을 수가 없어서 눈길 30리를 걸어 읍내 보통학교에 갔고

젊은 선생님께 3인칭에 대한 설명을 듣고 엄청난 기쁨을 느꼈어.

"내가 1인칭, 너는 2인칭, 너와 나 외엔 우수마발(모든 것)이 다 3인칭이라."

새로운 사실을 깨달았을 땐 양주동 박사가 그랬던 것처럼 군자삼락 못지않은 기쁨을 느낄 수 있어. 군자삼락은 맹자가 말한 군자의 세 가지 즐거움을 말하는 것으로 다음과 같은 내용이야.

"군자에게는 세 가지 즐거움이 있는데, 부모님이 생존해 계시고 형제들이 무고한 것이 첫 번째 즐거움이요, 하늘을 우러러 부끄러움이 없고 땅을 굽어보아 사람에게 부끄러움이 없는 것이 두 번째 즐거움이요, 천하의 영재들을 얻어 가르치는 것이 세 번째 즐거움이다."

그러고는 다음과 같은 멋진 말을 덧붙였지.

"왕이 되어 천하를 다스리는 것은 여기에 들어가지 않는다."

1과 2 다음에 오는 숫자 3은 세 번째라는 의미도 되지만 "나도 아니고 너도 아닌 그 무엇" 혹은 "이도 저도 아닌 그 무엇"이라는 의미로 많이 쓰곤 해. 논의하거나 고려하지 않은 전혀 다른 것, 고려 대상 이외의 사람이나 사물이라는 뜻으로 자주 사용하지.

제3자는 일정한 일에 직접 관계가 없는 사람이나 법률 행위에 직접 관여하지 않는 사람, 제3시장은 상장된 유가증권의 장외시장, 제3지역은 냉전 체제하에서 동서 두 진영 가운데 어느 편에도 가담하지 않는 중립 지역, 제3정당은 양당제 나라에서 두 정당에 속하지 않는 정당을 뜻하는 말이야. 자본주의국가와 공산주의국가를 제외한 국가들의 문학, 그러니까 2차 세계대전 이후 아시아, 아프리카, 라틴아메리카 등지의 개발도상국에서 나온 문학은 제3세계 문학이라고 하지.

제3세계는 민주주의와 공산주의 어느 편에도 속하지 않는 개발도상국을 의미해. 서구 자본주의국가와 일본을 제1세계, 사회주의 노선에 따라 산업화를 이룬 소련과 동유럽 국가들을 제2세계, 제1세계와 제2세계에서 자본과 기술 및 이데올로기를 도입해 산업화를 추진한 국가를 제3세계라고 하지. 이런 제3세계 국가들은 주로 아시아와 라틴아메리카, 아프리카와 중동 지역에 편중되어 있어.

제3세력에 대해서도 알아볼까? 정치적으로 대립하는 양대 세력 중간에 위치하는 세력을 제3세력이라고 해. 이는 프랑스에서 드골주의와 공산주의의 중간 세력을 제3세력이라 부른 데서 유래한 말로, 국제 세력이나 정당끼리 대립할 때 정치 세력의 어느 쪽에도 속하지 않는 아시아, 아프리카, 남미 여러 국가를 포함하지. 즉 중립주의 입장을 표방하는 세력이라고 보면 돼.

제3의 길이라는 말이 있는데 경제적 효율과 사회 변화를 중심으로 삼는 동시에 경제성장과 복지국가를 유지 발전시키겠다는 노선을 의미해. 보통은 자본주의와 공산주의 이념을 초월한 새로운 중도좌파의 길을 일컫지.

신미양요 辛未洋擾

- 인천시립박물관에서 신미양요 특별전을 개최한다.
- 신미양요의 원인으로 알려진 제너럴셔먼호 사건을 더 깊이 연구할 필요가 있다.
- 병인양요로 인해 우리나라는 막대한 양의 재물과 문화재를 약탈당했다.

우리나라와 미국이 전쟁을 한 적이 있어. 믿기지 않겠지만 사실이야. 1871년 신미년에 미국 군함이 강화도 해협에 침입했고, 미군과 우리 병사 사이에 치열한 포격전이 벌어졌으며, 백병전까지 있었지. 우리 군사 53명, 미군 병사 3명이 전사할 정도로 치열한 전투였어. 이를 신미양요라고 하는데 1866년 평양 대동강에 들어와 통상을 요구하던 미국 상선 제너럴셔먼호를 우리가 불태운 사건이 빌미가 되어 일어난 전쟁이었어. 신미는 육십갑자의 여덟 번째를 가리키는 말이고, 양요는 서양 양洋과 어지러울 요擾로 이뤄진 단어로 서양 세력이 일으킨 어지러움(난리)이라는 의미야.

1866년 흥선대원군의 천주교 탄압에 대한 보복으로 프랑스군이 강화도에 침입한 사건은 병인양요라고 해. 고종 3년인 1866년 병인년에 천주교 신자 8,000여 명과 프랑스인 신부 9명을 처형한 병인박해에 대항해 프랑스 함대가 강화도를 침공한 사건이지. 병인년에 서양 사람들이 일으킨 난리였기에 병인양요라는 이름을 붙였어.

신미, 병인 등을 육십갑자라고 하지. 이는 육십갑자의 위 단위를 이루는 요소인 천간天干에 속하는 갑甲, 을乙, 병丙, 정丁, 무戊, 기己, 경庚, 신辛, 임壬, 계癸와 육십갑자의 아래 단위를 이루는 요소인 지지地支에 속하는 자子, 축丑, 인寅, 묘卯, 진辰, 사巳, 오午, 미未, 신申, 유酉, 술戌, 해亥를 하나씩 순서대로 묶은 육십 가지를 배열해 놓은 것을 의미해. 천간의 첫 번째인 갑과 지지의 첫 번째인 자가 결합된 갑자로 시작해서 천간의 두 번째인 을과 지지의 두 번째인 축이 결합된 을축으로 이어지지.

이렇게 이어 가다 보면 열 번째로 천간의 계와 지지의 유가 만나겠지? 그리고 열한 번째로 천간의 첫 번째인 갑甲과 지지의 열한 번째인 술이 만나게 돼 그리하여 육십 번째는 천간의 마지막인 계와 지지의 마지막인 해가 만나 계해가 되지. 계해 다음은 다시 갑자로 시작하는데 이를 육십갑자라고 해. 60세를 환갑이나 회갑이라고 하는 것은 육십갑자가 한 바퀴 돌았다는 의미야. 즉 환갑은 돌아올 환還과 갑자의 갑으로 이뤄진 단어고, 회갑은 돌 회回와 갑자의 갑으로 이뤄진 단어임을 알 수 있지.

어른들은 소띠, 개띠, 돼지띠 등으로 나이를 이야기하는 경우가 많아. 열두 동물을 정해서 한 해에 한 동물씩 이름을 붙였지. 쥐의 해에 태어난 사람은 쥐띠라 하고 소의 해에 태어난 사람은 소띠라 해. '자'는 쥐, '축'은 소, '인'은 호랑이, '묘'는 토끼, '진'은 용, '사'는 뱀, '오'는 말, '미'는 양, '신'는 원숭이, '유'는 닭, '술'은 개, '해'는 돼지야.

2022년은 임인년이니까 2022년에 태어난 사람은 모두 호랑이띠가 되는 거지.

육십갑자를 붙인 사건 이름이 매우 많아서 역사 공부를 할 때 육십갑자를 활용하면 쉽고 재미있게 알아낼 수 있어. 갑이 들어간 연도는 ○○○4년, 을이 들어간 연도는 ○○○5년, 병이 들어간 연도는 ○○○6년, 정이 들거나 연도는 ○○○7년, 무가 들어간 연도는 ○○○8년이라고 생각하면 돼. 갑오개혁은 1894년, 을미사변은 1895년, 병자호란은 1636년, 정묘호란은 1627년, 무오사화는 1498년에 일어났지.

2021년이 신축년이라고 했지? 그럼 60년 전인 1961년도 마찬가지로 신축년이야. 2021년에서 60년 후인 2081년도 신축년이지. 그렇다면 2022년은? 2021년이 신축년이니까 신 다음의 임과 축 다음의 인이 결합해 임인년이 되지.

양은 태평양, 대서양이라고 할 때는 큰 바다를 의미하지만 서양인이 일으킨 난리를 양요라고 하듯이 서양이라는 의미로 더 많이 사용하고 있어. 양옥, 양식, 양복, 양장, 양변기, 양주, 양식 등에서의 양도 모두 서양 양이야. 양말이라는 단어에도 서양 양이 들어가. 양말은 서양 양洋과 버선 말襪로 이뤄진 단어로 글자 그대로 하면 서양의 버선이라는 뜻이야.

위정척사衛正斥邪

- 위정척사운동은 개화 정책에 반발하여 일어났다.
- 장성에 가면 위정척사 사상을 부르짖던 기정진 선생의 위정척사탑을 볼 수 있다.
- 위정척사 사상이 오늘날 어떤 의의를 갖는지 살펴볼 필요가 있다.

조선 후기 외세의 개항 압력이 거셌을 때 이를 반대하는 반외세운동이 일어났는데 이때 이념적 바탕이 된 이론이 위정척사였어. 지킬 위衛, 바를 정正, 물리칠 척斥, 사악할 사邪로 된 이 말은 바른 것을 지키고 사악한 것은 물리쳐야 한다는 뜻이야. 바른 건 무엇이고 사악한 건 무엇이었을까? 당시 위정자들은 성리학과 동양의 문화는 올바른 것이고 서양의 사상, 문물, 종교는 사악한 것이라고 생각했어. 그리하여 유교적 질서는 보존하고 서양 세력 및 문화는 물리쳐야 한다는 위정척사운동이 일어났지.

위정척사는 구한말에 나온 말이 아니라 중국 송나라 때 주자가 처음으로 사용했어. 주자는 여진족의 침략으로 중국문화가 어려움에 빠지자 유교의 정통성을 지키고 오랑캐 사상을 배척하기 위해 이러한 사상을 주장했지. 우리나라에서는 조선 초 유교를 정통으로 여기며 불교를 배척할 때 썼고, 정조 때 천주교가 들어와 유교의 전통을 거스르는 교리를 전도하자 또다시 이 말을 사용했어. 유학자들은 서양을 오랑캐로, 서양의 학문과 종교를 이단으로 규정하면서 배척해야 한다고 주장했지. 기존 체제를 옹호하는 보수적 논리였던 위정척사론은 서구 침략에 대한 저항 정신을 북돋고 민족주의적 의식을 고취하는 효과가 있었어. 외세의 침략적 속성을 꿰뚫어 보고 이에 대항하는 이론적 근거가 되기도 했지.

근현대사를 공부하다 보면 구한말이라는 말이 많이 나오는데 옛 구舊, 대한제국의 약칭인 한韓, 끝 말末로 이뤄진 이 단어는 옛 대한제국의 말기라는 의미야. 1897년 대한제국이 성립한 때부터 경술국치일 1910년 8월 29일까지를 가리키지. 대한제국이라는 국호를 쓴 것은 자주독립 국가임을 내외에 알리기 위해서였어. 한韓은 삼국시대 이전 우리나라 중남부에 있던 세 나라 마한, 진한, 변한의 삼한에서 나왔고 이를 크게 하나로 아우른다는 의미에서 큰 대大를 붙였어. 제국은 황제가 다스리는 나라라는 뜻이야. 조선시대에 중국은 황제, 우리는 왕이라 했어. 이제 중국의 간섭에서 벗어나 자주국가가 되어야 한다는 의지에서 중국처럼 제국이란 말을 사용한 거야. 이로써 우리도 왕이 아닌 황제가 다스리는 나라가 되었지.

신미양요 후 대원군은 서양인을 배척하려는 의도로 서울과 지방 각지에 척화비를 세웠어. 배척할 척斥, 화해할 화和, 비석 비碑로 이뤄진 이 말은 화해를 배척하겠다는 의도를 알리기 위해 만든 비석이란 뜻이야. 척화비에는 "서양 오랑캐가 침범하는데 싸우지 아니하면 화친하는 것이고 화친을 주장하는 것은 나라를 파는 것이다"라고 새겨 놓았어.

성리학은 중국 송나라 이후의 유학으로 성명性命과 이기理氣의 관계를 연구하는 학문이야. 남송 때 주자가 성리학을 집대성했기에 주자학이라고도 불렀지. 성리학에서는 자연과 사회의 발생과 운동을 이理와 기氣의 개념으로 설명한단다.

위정자의 위정과 위정척사의 위정이 같은 의미라고 착각해선 안 돼. 위정자는 할 위爲, 정치 정政, 사람 자者로 이뤄진 단어로 정치하는 사람을 가리키는 말이므로 지킬 위와 바를 정을 쓴 위정과는 다른 의미야. 위선자僞善者는 어떤 뜻일까? 거짓 위僞, 착할 선善, 사람 자者로 이뤄진 이 단어는 거짓으로 착한 척하는 사람을 뜻하므로 완전히 뜻이 달라지지.

종전 선언 終戰宣言

- 국민 대다수는 한반도 평화를 위해 종전 선언이 필요하다고 생각한다.
- 양 정상은 핵 없는 한반도 실현, 연내 종전 선언, 이산가족 상봉 등을 천명했다.
- 종전 선언이야말로 한반도 평화 체제를 여는 문이 될 것이다.

많은 사람들이 경제가 중요하다고 이야기하는 데 당연한 말이야. 경제의 중요성을 무시할 수 있는 사람은 아무도 없어. "곳간에서 인심 난다"는 속담에 고개를 끄덕일 수밖에 없는 이유도 다들 돈과 경제의 중요성을 인정하기 때문이지. 그렇다고는 해도 결코 돈이 평화만큼 중요하다고는 볼 수 없어. 평화가 깨어지면 경제는 무의미해지지만 경제가 깨어진다고 해서 평화가 깨어지는 것은 아니기 때문이야. 이것이 종전 선언이 중요한 이유지.

종전은 마칠 종終과 싸움 전戰으로 이뤄진 단어로 싸움을 마쳤다는 의미야. 마칠 종은 극장에서 자주 보았던 익숙한 글자인데, 중국 영화나 홍콩 영화가 끝나면 '終'이라는 글자가 나오지. 우리말로는 '끝', 영어로는 'END'라는 뜻이야. 등교 직후의 만남은 아침의 만남이라는 뜻에서 조회, 하교 직전의 만남은 마무리할 때 지키는 예의라는 뜻에서 종례라고 하지. 이른바 '쫑파티'도 마칠 종이 들어간 단어야. 어떤 일이 끝난 것을 축하하기 위한 모임이 종파티인데 강하게 표현하기 위해 쫑파티라고 했지. 한자와 영어의 만남, 다소 낯설지만 재미있지?

선언은 널리 펼 선宣과 말 언言으로 이뤄진 단어로 널리 펴서 말한다는 의미야. 개인적으로 알려 주는 것이 아니라 국민 전체나 구성원 전체에 공개적으로 알리는 일을 일컫지. 국가나 단체가 자신의 방침이나 주장, 의견 등을 외부에 정식으로 공표한다는 뜻이기도 해. 선언이 들어간 말로는 독립 선언, 양심 선언, 시국 선언, 불가침 선언,

카이로 선언 등이 있어. 여러 사람 앞에서 굳게 약속하거나 다짐해서 말하는 것은 선서, 어떤 일이나 법규 따위를 세상에 널리 알리는 것은 선포라고 하지.

선전, 선교사, 선전포고라는 단어에도 널리 펼 선宣이 들어가는데 주로 펼치다, 베풀다는 의미로 쓰였어. 펼쳐 전한다고 해서 선전, 종교의 교리를 널리 펼치는 사람이라고 해서 선교사, 전쟁을 펼치겠다는 뜻을 널리 알린다고 해서 선전포고라 하지.

종전 선언은 전쟁을 종료시켜 상호 적대 관계를 해소하려는 교전 당사국 간 공동의 의사 표명을 가리키는 말이야. 멈출 정停이 들어가 전쟁 상태를 잠깐 멈추는 일을 뜻하는 정전이나 쉴 휴休가 들어가 전쟁을 쉬는 것을 뜻하는 휴전이라는 단어와는 완전히 다른 의미지.

이제 종결어미에 대해 알아볼까. 종결은 끝낸다는 의미, 어미는 말의 꼬리라는 의미니까 종결어미는 문장을 끝나게 만드는 요소야. 평서형 종결어미, 감탄형 종결어미, 의문형 종결어미, 명령형 종결어미 등이 있으며, 말의 끝에 온다고 해서 어말어미라 하지. 선어말어미라는 것도 있는데 어말어미 앞에 오기에 앞 선先을 써서 선어말어미라고 해. 주체 높임 선어말어미, 상대 높임 선어말어미, 과거시제 선어말어미 등이 있어. '가셨습니다'라는 말을 예로 들어 볼까? '가셨습니다'는 '가시었습니다'를 축약한 말이야. 이때 '가'는 가장 줄기가 되는 말이니까 줄기 간幹을 써서 어간이라고 해. '시'는 주체 높임 선어말어미, '었'은 과거시제 선어말어미, '습니'는 상대 높임 선어말어미, '다'는 말의 끝에 있는 어미라 해서 어말어미라고 하지. 주체는 행동하는 사람을, 상대는 말을 듣는 사람을 뜻하는 말이야.

이 뜻이야?
일상
어휘

4

원격수업 遠隔授業

- 코로나로 초등생들 '유튜브 중독' 심각, 원격수업 25%가 유튜브 활용.
- 대면수업 없이 원격수업만 듣는 학생들은 수업을 어려워하고 대학입시에 부담을 느낀다.
- 이 전등은 원격조종으로 점멸된다.

코로나로 집에서 원격수업을 받는 날이 많아지면서 자녀들의 스마트폰과 컴퓨터 사용 시간이 길어지고, 부모와의 갈등이 심해졌다고 여기저기서 아우성이야. 코로나가 미래 교육을 앞당겼다는 말도 있지만 스마트폰과 컴퓨터에 중독된 학생들이 증가하는 현상을 걱정하지 않을 수 없는 상황이지.

원격은 멀 원遠과 사이 뜰 격隔으로 이뤄진 단어로 멀리 떨어져 있다는 의미이고, 수업授業은 줄 수授와 학업 업業으로 이뤄진 단어로 학문을 준다는 의미야. 그러므로 원격수업은 멀리 떨어져 있는 학생에게 가르침을 준다는 뜻이 되지. 즉 집에서 컴퓨터나 노트북, 태블릿 등을 이용해 인터넷으로 수업받는 형태를 원격수업이라고 해. 반대 말은 대면수업이라고 할 수 있는데 대할 대對와 얼굴 면面이 들어간 단어로 얼굴을 마주 대한 상태로 하는 수업을 말하지.

화상수업이란 것도 있어. 화상은 그림 화畵와 모양 상像으로 이뤄진 단어로 그림으로서의 모양, 즉 모니터 화면에 나타나는 모양을 말하지. 그러므로 교사와 학생이 서로 다른 장소에서 컴퓨터 등의 영상을 통해 상대방 얼굴을 보면서 하는 수업을 화상수업이라고 해.

줄 수授는 받을 수受에 손 수扌를 더한 글자야. 아마도 줄 때는 손을 더 써야 한다는 의미 아닐까. 수용, 수화기, 수험생, 수정, 수강생, 수락, 수동태, 수고비, 접수 등의 단어에는 받을 수가, 교수, 수유, 수여식, 수상식 등의 단어에는 줄 수가 들어가지. 물품을 주고받는다는 뜻인 수수授受는 줄 수授와 받을 수受가 모두 들어간 단어야.

수업이라는 단어에 줄 수가 들어갈 때가 있고 받을 수가 들어갈 때가 있어. 줄 수가 들어간 수업授業은 선생님이 교단에서 가르침을 주는 일을, 받을 수가 들어간 수업受業은 학생이 책상 앞에서 가르침을 받는 일을 뜻하지.

동영상수업은 원격수업이나 화상수업과는 또 다른 개념으로 미리 녹화된 강의 동영상을 컴퓨터 화면에서 재생하는 수업을 의미해. 원격수업이나 화상수업은 쌍방향으로 이뤄지지만 동영상수업은 일방적으로 가르침을 주는 수업이지.

환자가 병원에 가지 않고 의사와 연결되는 TV나 인터넷을 통해 진료받는 것을 원격진료, 정보 통신 기술을 이용해 시간과 장소의 제약 없이 업무를 수행하는 유연한 근무 형태를 원격근무, 멀리 떨어진 온라인상에서 도와주는 일을 원격지원이라고 한단다. 원격조종은 멀리 떨어진 곳에서 전파 등의 신호를 보내어 기계를 다루거나 부리는 일을 가리키는 말이야.

종량제 從良制

- 쓰레기종량제 실시 이후 쓰레기 배출량이 크게 줄었다.
- 종량제봉투는 쓰레기 배출량에 따라 수수료를 부과하기 위해 만들었다.
- 인터넷종량제를 실시하면 분명 인터넷 사용 시간이 많이 줄어들 것이다.

종량제를 쓰레기 처리에만 적용하는 단어로 생각하는 사람이 많은데 사실은 우리 생활의 많은 부문에서 종량제를 실시하고 있어. 따를 종從, 헤아릴 량量, 제도 제制로 이뤄진 종량제라는 말은 양을 헤아려 요금을 부담하게 하는 제도를 의미해. 물품의 무게나 길이, 용량에 따른 이용 요금 결정은 쓰레기 수거료뿐 아니라 전기 요금, 도시가스 요금, 상수도 요금에서도 진즉 이용해 온 방식이야.

쓰레기 종량제는 쓰레기 배출량에 따라 수수료를 부과하는 제도로 정확한 명칭은 쓰레기 수수료 종량제라고 하지. 대한민국에서는 1995년부터 전국적으로 실시했으며 지정된 규격의 쓰레기봉투를 판매하고 그 봉투에만 쓰레기를 담아서 버리도록 하는 방식을 택하고 있어. 재활용이 가능한 쓰레기는 규격 봉투에 담지 않아도 되기 때문에 일반 쓰레기의 양은 줄이고 재활용 쓰레기의 양은 늘리는 효과를 가져왔지. 따라서 종량제봉투를 살 때마다 쓰레기 처리 비용에 대한 수수료를 내는 셈이야. 종량제봉투 값에 쓰레기 처리 비용이 들어 있으니까.

전기 요금, 도시가스 요금, 상수도 요금뿐 아니라 택시 요금, 고속버스 요금, 시외버스 요금, 철도 요금도 거리가 늘어나면 그에 따라

요금을 더 많이 내야 하니 종량제라고 할 수 있어. 택배 요금도 무게에 따라 요금이 달라지니 당연히 종량제지.

종량제의 반대말은 정액제야. 정할 정定, 돈 액額, 제도 제로 이뤄진 정액제라는 단어는 미리 돈(요금)을 정해 놓은 제도라는 뜻이지. 변동 사항이나 사용 시간과는 관계없이 미리 일정한 액수를 결정해 놓는 제도를 의미하며, TV 수신료, 인터넷 요금, 시내버스 요금, 문화재 관람 요금 등을 예로 들 수 있어. 사용한 양을 측정하기 어려울 경우 종량제를 이용할 수 없으므로 일정 금액을 동일하게 부과하는 정액제를 적용해야 해.

스마트폰 요금제로는 통신사가 제시하는 요금제 중에서 유리한 요금제를 선택하는 자유 요금제와 통신사가 지정한 요금에 따르는 지정 요금제가 있어. 자유 요금제는 통화량과 데이터 사용량이 적은 사용자에게 유리하지만 할인이 거의 없다는 단점이, 지정 요금제는 통화량과 데이터 사용량에 제한이 없지만 요금이 비싸다는 단점이 있지.

요금제와 관련해서 2년 약정, 약정 조건, 약정 요금제, 약정을 맺다 등 자주 듣게 되는 약정은 약속할 약約과 정할 정定으로 이뤄진 단어로 약속을 정한다는 의미야.

오염총량제, 택시총량제, 공장총량제. 녹지총량제 같은 말도 있어. '모두 총總'이 들어간 총량제라는 말은 어떤 지역이나 조직에 존재할 수 있는 요소의 총량을 한정하는 제도를 가리키지. 오염총량제는 지역별로 오염물질의 배출총량을 규제하면서 목표 수질 달성이라는 조건하에 제한적으로 개발을 허용하는 제도야. 따라서 오염물질 농도가 허용치 이하라 해도 그 지역 배출량이 할당량을 초과하면 각종 개발사업 등에서 법적 제재를 가한단다. 택시총량제는 지역별로 택시의 총량을 설정하고 이를 초과하지 않도록 택시 숫자를 제한하는 제도를 의미해.

사각지대死角地帶

– 운전을 할 땐 항상 사각지대를 조심해야 한다.
– 경찰은 인권 사각지대를 샅샅이 살펴 재발을 원천 근절해야 한다.
– 각 정당들은 총선이 다가오자 취약지 표밭 공략을 시작했다.

운전을 막 시작했을 때 사각지대에 신경을 써야 한다는 충고를 참 많이 들었어. 요즘은 경찰 수사의 사각지대, 문명의 사각지대 등의 말도 쓴단다. 죽을 사死와 각도 각角으로 이뤄진 사각이라는 단어는 본래 죽은 각도라는 의미로 어느 각도에서도 보이지 않는 범위라는 뜻이야. 그러다 의미가 확장되어 눈길이 잘 미치지 않는 곳, 관심이나 영향이 미치지 못하는 범위라는 뜻으로 쓰게 되었지.

하루 중 관심이나 영향이 미치지 못하는 시간대를 사각시간대라

미친 어휘력 ②

고 해. 여러 가지 복지 혜택을 받는 기초 생활 수급자보다 생활이 조금 낫다는 이유로 혜택에서 제외되는 차상위 계층을 복지 사각지대에 있다고 하고 연금 혜택이 미치지 못하는 계층이나 사람을 연금 사각지대에 있다고 하지.

취약 지대와 취약지라는 말도 있어. 취약은 무를 취脆와 약할 약弱으로 이뤄진 단어로 무르고 약하다는 의미야. 취약점, 취약층, 취약자 등의 단어에서처럼 쓰지. 다른 계층에 비해 무르고 약해서 사회적 보호가 필요한 노인, 어린이, 장애인 등을 취약계층이라고 한단다. 타 종목에 비해 상대적으로 선수의 기량이 떨어지는 종목, 그러니까 우승 가능성이 매우 낮고 대중의 관심도 적은 종목은 취약 종목이라고 해. 경제적으로 어렵거나 의료기관과 멀리 떨어진 곳에 살기 때문에 적절한 의료 혜택을 받기가 어려운 계층은 의료 취약 계층이라고 하지.

매우 어려운 상황을 표현하는 한자성어로는 사고무친이 있어. 넉 사四, 돌아볼 고顧, 없을 무無, 가까이할 친親으로 이뤄진 이 말은 사방을 둘러보아도 가까이할 사람이 아무도 없다는 의미야. 고립무원도 어려운 상황을 표현하지. 외로울 고孤, 설 립立, 없을 무無, 도울 원援으로 이뤄진 말로 외롭게 서 있어서 누구의 도움도 받을 수 없는 상황이라는 뜻이야.

진퇴양난은 나아가는 일, 물러나는 일 둘 다 어렵다는 의미로 이러지도 저러지도 못하는 매우 곤란한 상황을 일컫는 말이야. 진퇴유곡은 나아가도 물러나도 오직 계곡뿐이라는 의미로 궁지에 몰린 상황을 뜻하지. 설상가상도 비슷한 말이야. 눈이 와서 힘든 상황에 서리까지 더해 졌다는 뜻으로 어려운 일이나 불행이 겹쳐서 일어남을 비유적으로 표현하고 있지.

비상저감조치 非常低減措置

- 환경부는 오전 6시부터 서울시와 경기도에 비상저감조치를 발령했다.
- 도시 지역의 대기오염 저감을 위한 대책이 필요하다.
- 중국발 황사의 영향으로 미세먼지 농도가 '매우 나쁨' 수준을 보였다.

봄이 오면 마냥 즐거웠는데 언제부터인가 봄이 반갑지만은 않은 계절이 되었어. 미세먼지와 초미세먼지, 황사가 봄과 함께 찾아오기 때문이지. 대기오염을 일으키는 이런 물질은 호흡기 질환이 있는 사람이나 노약자는 특히 조심해야 해. 황사의 원인은 흙먼지, 미세먼지와 초미세먼지의 원인은 화석연료 사용으로 발생한 오염물질이야. 황사나 미세먼지 흡입량은 밖에 머무르는 시간과 활동량에 비례하기 때문에 되도록이면 외출 시간을 줄일 필요도 있어. 물을 자주 마시고 실내 습도를 50％ 내외로 유지하는 것도 중요하지.

아닐 비非와 항상 상常으로 이뤄진 비상이라는 단어는 항상 있는 게 아닌 상황이라는 의미로, 뜻밖의 긴급한 사태, 평상시와 다름, 일상적이지 않고 특별함, 평범하지 않고 뛰어남이라는 뜻으로 많이 쓰지. 뜻밖의 긴급한 사태를 유사시라고도 하는데 사고가 있는(발생한) 때라는 의미야.

저감은 낮을 저低와 덜 감減으로 이뤄진 단어로 낮추고 덜어 낸다는 뜻이지. 조치는 처리할 조措와 둘 치置로 이뤄진 단어로 벌어지는 사태를 잘 살피고 필요한 대책을 세워 처리한다는 의미야. 따라서 요즘 자주 듣는 비상저감조치라는 말은 미세먼지가 많은 긴급한 상황을 극복하기 위해 미세먼지를 줄이거나 덜어 내기 위한 대책을 세워서 처리한다는 뜻이야.

미세먼지 비상저감조치를 시행한다는 것은 고농도 미세먼지가 장기간 지속되는 경우에 미세먼지를 줄여 대기질을 개선하고, 국민 건강 보호를 목적으로 차량 운행을 통제하거나 사업장 조업 단축 등을 실시하겠다는 이야기야.

미세먼지는 미세와 먼지의 합성어야. 미세가 작고 가늘다는 의미니까 미세먼지는 눈에 보이지 않을 정도로 입자가 작고 가느다란 먼지를, 뛰어넘을 초超가 덧붙은 초미세먼지는 미세먼지보다 입자가 더 작은 먼지를 가리키지. 더 자세히는 지름 $10\mu g$(마이크로 그램) 이하로 크기가 아주 작은 것을 미세먼지, 지름 $2.5\mu g$ 이하로 2보다 더 작은 것을 초미세먼지라고 해.

주의보와 경보의 차이에 대해 알아볼까? 조금 심각한 상황일 땐 주의보를, 많이 심각한 상황일 땐 경보를 내린다는 건 알지? 기상청은 이십사 시간 평균 먼지 농도가 120μg/m³(세제곱미터당 마이크로 그램) 이상 또는 시간 평균 농도가 200μg/m³ 이상 두 시간 동안 지속되면 미세먼지주의보를, 이십사 시간 평균 먼지 농도가 250μg/m³ 이상 또는 시간 평균 농도가 400μg/m³ 이상 두 시간 동안 지속되면 미세먼지경보를 내리고 있어.

앞서 설명했듯이 저감은 낮추고 덜어 낸다는 뜻이야. 그러므로 공공수역의 수질환경기준을 유지하기 위해 공공 하수도 정비, 시가지 오수 처리, 산업 폐수 배출 규제, 비점 오염원 관리 등으로 오염이 환경에 미치는 영향을 줄이고자 시행하는 방안을 오염 저감대책이라고 해. 국가의 환경오염을 최소화하는 정책을 준수하기 위해 폐기물을 만든 사람이 배출량을 줄이는 데 사용하는 비용은 저감 비용이라고 하지. 소음, 진동, 에너지, 공해물질 등을 줄여 주는 제품은 저감제품이라고 한단다.

본점本店과 지점支店

- 동녘은행은 본점 외 10개 지점을 둔다는 계획을 발표했다.
- 그 콩나물국밥집 주인은 다른 세 개의 도시에 지점을 하나씩 냈다.
- 사람들은 대개 지점보다는 본점을 선호하는 경향이 있다.

지점이 있으면 당연히 본점도 있겠지. 은행이나 음식점도 마찬가지야. 본本은 근본, 시초, 뿌리라는 의미, 지支는 갈린 것 혹은 근원에서 갈라진 것이라는 뜻이야. 점店은 가게를 뜻하는데 백화점, 편의점, 상점, 할인점, 주점, 면세점, 노점, 점원, 점주, 점포, 음식점 등이 점이 들어간 단어의 예라고 할 수 있어.

옛날에는 가게를 의미하는 한자로 전廛도 많이 썼어. 어물전, 싸전, 포목전, 옹기전, 책전(서점) 등의 단어가 그 예라고 할 수 있지. 곡식 파는 가게는 싸전이라고 했는데 쌀을 파는 '쌀전'에서 발음을 편하게 하기 위해 리을(ㄹ)을 탈락시켜 말한 거야. 전주에는 싸전다리가 있는데 곡식을 파는 싸전 옆에 있는 다리라서 붙은 이름이지. "어물전 망신은 꼴뚜기가 시킨다"는 속담을 못 들어 본 사람은 없을 거야. 여기서 어물전은 생선가게를 의미하는 말이야. 동네 구멍가게는 전방이라고 했지.

본은 일부 명사 앞에서 그 명사가 언급하는 대상 자체를 나타내기도 해. 본질, 본능, 본성, 기본, 본론, 본체, 본명 등의 단어가 그 예란다.

지는 가지라는 의미로, 나뭇가지를 뜻하지만 나무뿐 아니라 큰 것에서 뻗어 나온 작은 것이라는 뜻으로 많이 쓰곤 해. 경찰서의 관할 지역 안에 경찰관을 파견해 일차적으로 경찰 업무를 맡아보게 하는 곳을 요즘은 지구대 혹은 파출소라고 하지만 몇 년 전까지만 해도 지서라고 했어. 본서에서 갈라져 나간 관서라는 의미야. 지구대는 경찰서보다는 작고 파출소보다는 규모가 큰 지역 경찰 관서로 이해하면 돼. 지사, 지부, 지회, 지청 등도 마찬가지로 각각 본사, 본부, 본회, 본청에서 갈라져 나온 작은 사무실이라는 뜻이야. 지류는 강의 원줄기로 흘러들어 가거나 갈라져 나온 물줄기를 가리키지.

본점은 영업의 본거지가 되는 점포를, 지점은 본점에서 갈라져 나온 점포를 의미하는 말이야. 지점은 본점의 지휘와 명령에 따르면서도 부분적으로 독립적 기능을 가지고 있어. "분점이 들어섰다", "분점을 냈다"라고 할 때의 분점은 나뉘어 나온 가게라는 뜻으로 본점이나 지점을 나누어 따로 낸 점포를 일컫는 말이야.

우리 주변에 많이 있는 편의점이란 단어는 무슨 뜻일까? 편할 편便과 알맞을 의宜로 이뤄진 편의라는 단어는 생활하거나 일하는 형편이나 조건이 편하고 알맞다는 의미야. 거기에 가게 점店이 붙었으니까 고객에게 편하고 알맞도록 오랜 시간 영업하는 상점이란 뜻이지.

영결식 永訣式

- 많은 사람들이 영결식에 참석하여 그의 죽음을 애도했다.
- 교통정리 중 차량에 치여 숨진 경찰관의 영결식이 엄수되었다.

영결식을 보다 보면 삶과 죽음의 의미를 생각하게 되지. 죽음을 바라보며 욕심부리지 말고 남을 미워하지 않으면서 겸손하게 살아야 한다는 내면의 속삭임을 듣는 시간이기도 해. 오랠 영永과 이별할 결訣이 들어간 영결식이라는 단어는 죽은 사람을 영원히 떠나보내는 의식을 말하지. 즉 장사 지내기 전 행하는, 죽은 사람과 산 사람이 영원히 헤어지는 의식을 의미해. 그런데 왜 평범하게 살아온 보통 사람들은 간단한 발인식만 하고 영결식 없이 곧바로 화장장이나 장지로 모실까? 물론 가족, 친척, 지인 들이 모여 나름대로 의식을 치르지만 오랜 시간 함께한 고인을 추모하는 시간이 너무 짧아서 아쉽다는 생각이 들어. 그러니 보통 사람들 장례식에서도 유명 인사들의 영결식에서 하듯 고인의 약력을 보고하거나 추모 영상을 상영하고 추도사를 하면 어떨까?

발인은 떠날 발發과 잡아당길 인引으로 이뤄진 단어로 집에서 떠나고 묘지가 잡아당긴다는 의미야. 상여가 빈소를 떠나 묘지로 향하는

절차를 말하지. 상여는 죽을 상喪과 수레 여輿로 이뤄진 단어로 시신을 묘지까지 실어나르는 도구를 가리키는데 요즘은 운구차로 관을 옮기니까 상여가 없는 경우가 일반적이야. 입관은 시신을 관에 넣는 일, 출상은 상가나 장례식장에서 상여가 떠나는 일, 하관은 시신을 땅에 묻을 때 파 놓은 구덩이에 관을 내리는 일을 의미하지.

장례식은 장사 지내는 의식이란 뜻이야. 장사는 장사 지낼 장葬과 일 사事로 이뤄진 단어로 죽은 사람을 땅에 묻거나 화장하는 일을 의미해. 그럼 영결식과 장례식은 어떤 차이가 있을까? 영결식은 장례식 중 일부 의식이라고 생각하면 된단다.

해마다 돌아오는 제삿날을 기일이라고도 해. 그리고 그 기일에 돌아가신 조상님을 추모하고 정성을 나타내는 의식을 제사, 추도식, 추모식이라 하지. 추도는 쫓을 추와 슬퍼할 도悼로 이뤄진 단어로 죽은 사람을 쫓아 슬퍼한다. 추모는 쫓을 추와 그리워할 모慕로 이뤄진 단어로 죽은 사람을 쫓아 그리워한다는 의미야. 애도라는 말도 쓰는데 슬플 애哀와 슬퍼할 도로 이뤄진 이 단어는 사람의 죽음을 슬퍼하고 안타까워 한다는 뜻이지.

차례는 제사와 같은 의미일까? 같다고도, 다르다고도 할 수 있어. 조상을 추모한다는 점에서는 같지만 차례는 기일이 아니라 설날과 추석날에 지낸다는 점이 제사와는 달라. 지금은 설날과 추석날에 차례를 지내지만 옛날에는 매달 음력 초하룻날과 보름날에도 차례를 지냈어. 차례의 차茶는 녹차, 홍차, 유자차, 할 때의 차야. 요즘도 그렇지만 특히 옛날엔 다례라고 해서 차를 마실 때 예의범절을 지키는데 최선을 다했어. 그런데 왜 차례라는 이름을 붙였을까? 옛날에는 제사지낼 때 차를 올렸기 때문이란다.

유산遺産

- 형제들이 유산 문제로 싸운 후 만나지 않고 지낸 지 5년이 넘었다.
- 유네스코는 1997년 수원화성을 세계 문화 유산으로 선정했다.
- 과학이 인류의 귀중한 지적 유산이라는 사실에는 의심의 여지가 없다.

유산 때문에 형제들끼리 다퉜다는 이야기를 들을 때마다 기분이 씁쓸해. 자녀에게 유산을 남김으로써 행복보다는 불행을 물려주는 경우가 있고, 유산이 다툼의 소지가 될 뿐 아니라 자립심을 약화시키고 성취감을 맛볼 기회를 앗아가는 등 여러 문제를 발생시키기도 하지. 자녀들에게 유산을 물려주어야 한다는 고정관념에서 자유로울 수 있다면 우리 사회가 좀 더 멋지고 아름답지 않을까.

  남길 유遺와 재산 산産으로 이뤄진 유산이라는 단어는 남겨 놓은 재산이라는 의미야. 상속은 서로 상相과 이을 속續으로 이뤄진 단어로 서로 이어 간다는 뜻이지. 즉 죽은 사람이 남겨 놓은 재산을 배우자나 자손이 나눠 가지는 것을 일컫는 말이야. 이렇게 사망 후 다른 사람에게 재산에 관한 권리와 의무의 일체를 이어 주는 것을 상속이라고 해. 상속에도 의무가 있냐고? 있지. 사망한 사람이 가지고 있던 부채(빚)를 갚아야 하는 의무가 있어. 재산만 남겨 놓고 죽을 수도 있지만 부채도 남겨 놓을 수도 있는 거잖아. 상속은 재산뿐 아니라 부채까지도 물려받는 거야. 빚을 물려받는 게 억울한 일이라고? 걱정하지 않아도 돼. 물려받을 재산보다 물려받은 빚이 더 많다면 유산을 포기하면 되니까.

유네스코 세계유산이라는 말에서의 유산은 앞 세대가 물려준 사물 또는 문화라는 의미야. 우리가 선조에게서 물려받아 오늘날 그 속에 살고 있고, 앞으로 우리 후손들에게 물려주어야 할 자산을 말하지. 세계유산이라는 특별한 개념은 이 유산들이 특정 소재지와 상관없이 모든 인류에 속하는 보편적 가치를 지니고 있기에 만들어졌어.

우리나라에 존재하는 세계유산으로는 석굴암, 불국사, 수원화성, 종묘제례악, 판소리, 훈민정음, 조선왕조실록 등이 있어. 기념물, 건조물, 유적지 등은 문화유산, 유기적·생물학적 생성물질에서 이룩된 자연의 기념물은 자연유산, 문화유산과 자연유산의 특징을 동시에 충족하는 유산은 복합유산이라고 하지. 이 문화유산, 자연유산, 복합유산 모두는 다른 어떤 것으로도 대체할 수 없는 우리 삶과 영감의 원천이라 할 수 있어.

유산과 유물은 어떤 차이가 있을까? 물건 물物이 들어간 유물은 남겨진 물건이라는 뜻이야. 즉 죽은 사람이 남긴 물건, 앞 세대가 후세에 남긴 물건을 말하지. 유산은 물건 외에도 문화나 유적지까지 포함하는 개념이므로 유물보다 범위가 넓다고 할 수 있어. 유적은 무얼까? 흔적 적跡으로 역사적 사건이 일어났던 장소나 옛사람이 남긴 건축물, 무덤 등을 일컫는 말이야. 유품이라는 말도 있는데 이는 죽은 사람이 생전에 사용하다 남긴 물건을 말해.

유산의 동음이의어로는 유산流産이 있어. 흐를 유流와 낳을 산産으로 이뤄진 단어로 배 속 아기가 달이 차기 전에 죽어서 나온다는 의미지. 정상적이지 못하게 흘러나왔다는 뜻으로 "코로나로 인해 대회가 유산되고 말았다", "원안이 유산되고 말았다" 등의 문장에서처럼 계획하거나 추진하는 일이 이루어지지 못했을 때 많이 쓰지.

조산은 빠를 조무와 낳을 산産으로 이뤄진 단어로 빨리 낳았다는 의미야. 임신한 여성이 10개월을 채우지 못하고 아이를 낳는 경우를 일컫는 말이지.

택배宅配

우리나라에 택배 제도가 시행된 것은 100년도 80년도 아니고 40년 정도밖에 지나지 않았어. 몇십 년 전엔 존재하지도 않았는데 지금은 없어서는 안 될 매우 중요한 제도가 되어 버렸으니 놀라워. 예전에는 택배 대신 소포와 화물을 이용했어. 소포우편물의 줄임말인 소포는 포장해서 우편물로 보내는 작은 물건을 말하지. 우체국에서 담당했고 우편집배원 아저씨가 배달해 주셨어. 크고 무거운 물건은 화물이라고 했는데 화물 회사가 지역에서 지역으로 운반해 주었어. 보내는 사람은 화물 회사에 가져가서 보내고 받는 사람도 직접 화물 회사에 가서 받아 왔지. 지금처럼 제조 회사나 유통 회사에서 구매자의 집이나 회사에 직접 보내는 택배의 역사가 오래되지 않았다는 말이야.

택배는 집 택宅과 배달할 배配로 이뤄진 단어로 집까지 배달해 준다는 의미야. 옛날엔 중국집에서 집까지 중국요리를 배달해 주는 것을 택배라고 했는데 인터넷으로 물건을 구매하는 사람이 많아진 요즘은 주로 포장된 물품을 요구하는 장소까지 직접 운송하는 일을 일컫게 되었어.

택배 요금은 선불이 일반적인데 착불인 경우도 종종 있어. 선불은 '먼저 선先'과 '지불할 불拂'로 먼저 요금을 지불한다는 뜻이야. 도착할 착着이 들어간 착불은 도착지에서 요금을 지불한다는 뜻이지.

배송은 나눌 배配와 보낼 송送으로 이뤄진 단어로 물건을 여러 곳에 나누어 보낸다는 뜻이며, 출고는 내보낼 출出과 창고 고庫로 이뤄진 단어로 창고에서 내보낸다는 뜻이지. "박스에 송장을 붙여야 한다"라고 할 때의 송장은 보낼 송送과 문서 장狀으로 이뤄진 단어로 멀리 떨어진 곳으로 발송할 때 상품을 받을 사람에게 보내는 상품 명세서를 의미해. 송장은 매매계약의 조건을 올바르게 이행했다는 뜻에서 판매자가 구매자에게 보내는 거래 내역서이기도 해. "조회해 보아야 알 수 있다", "컴퓨터 조회"라고 할 때의 조회는 비출 조照와 깨달을 회會로 이뤄진 단어로 비추어 보아서 깨닫도록 한다는 뜻이야. 어떠한 사항이나 내용이 맞는지 알아보는 일을 일컫지.

요즘은 실버택배라는 것도 등장했는데 택배 배송 효율화 및 일자리 나눔을 위해 아파트 거주 노인 또는 인근 노인 인력을 택배 서비스에 활용하는 시스템을 일컫는 말이야. 노인을 상징하는 백발의 이미지인 은색, 즉 실버silver를 은퇴를 앞둔 노인이나 노년을 비유하는 말로 많이 쓰지. 노인들이 생산하고 향유하는 문화를 실버문화, 노인을 위한 상품을 제조 판매하거나 의료복지 시설을 세우는 산업을 실버

산업, 노후자금이 부족해서 가난하게 사는 50대 후반 노년층을 실버 푸어silver poor라고 한단다.

보상補償과 배상賠償

- 도로 확장으로 주민들이 입은 손해에 대한 보상을 실행했다.
- 조속한 보상과 책임자 처벌을 촉구하는 집회가 열렸다.
- 피고는 원고에게 손해액을 배상했다.

"국가가 보상해야 한다", "이 세상 어떤 것도 죽음을 보상할 수는 없다" 혹은 "국가에 배상책임이 있다", "배상 문제에 대해 의논해야 한다" 등의 문장에서 보상과 배상의 차이점은 무엇일까? 보상은 꿰맬 보補와 갚을 상償으로 이뤄진 단어로 남에게 끼친 손해나 손실을 꿰매고(보수하고) 갚는다는 의미야. 국가나 공공단체가 적법한 행위로 국민에게 끼친 재산상의 손실을 갚아 주기 위해 제공하는 대가를 일컫는 말이지. 배상은 물어줄 배賠와 갚을 상으로 이뤄진 단어로 남의 권리를 침해한 사람이 그 손해를 물어 주는 일을 가리키지. 원인 행위가 무엇인지에 따라 보상과 배상으로 구분할 수 있는데 원인 행위가 적법이었을 때 그로 인해 발생한 손해를 갚아 주는 일은 보상, 원인 행

배상

보상

위가 불법이었을 때 그로 인해 발생한 손해를 갚아 주는 일은 배상이라고 한단다. 적법은 법에 맞다, 즉 법에 어긋나지 않는다는 뜻, 불법은 법에 어긋난다는 뜻이야.

"나는 보상을 바라고 당신을 도와준 것이 아닙니다", "당신의 노고에 대한 보상으로 이 선물을 드립니다" 등의 문장에서의 보상은 어떤 의미일까? 이때의 보상은 보답할 보報와 갚을 상으로 이뤄진 단어로 남에게 진 빚이나 받은 물건 또는 끼친 수고 등을 되갚는다는 뜻이야.

이번 기회에 헌법 공부를 한번 해 보면 어떨까? 헌법 제23조 제3항에는 "공공필요에 의한 재산권의 수용·사용 또는 제한 및 그에 대한 보상은 법률로써 하되, 정당한 보상을 지급하여야 한다"라고 명시되어 있고 헌법 제29조 제1항에는 "공무원의 직무상 불법 행위로 손해를 받은 국민은 법률이 정하는 바에 의하여 국가 또는 공공단체에 정당한 배상을 청구할 수 있다. 이 경우 공무원 자신의 책임은 면제되지 아니한다"라고 명시되어 있어.

정부에서는 2014년부터 '5·18민주화운동 관련자 보상 등에 관한 법률'을 시행하고 있는데 그렇다면 이 법률의 이름은 올바른 것일까? 전두환과 노태우 등 신군부가 무고한 광주 시민을 학살한 5·18은 불법 행위였으니까, 보상이 아니라 배상이라고 해야 할 텐데 법률 이름에는 배상이 아닌 보상이라는 단어가 들어가게 되었어. 고의였는지 실수였는지 모르지만 잘못된 것이 분명하므로 지금이라도 바로잡을 필요가 있다고 생각해.

변상은 무엇일까? 분별할 변辨과 갚을 상으로 이뤄진 단어로 분별하여 갚는다는 뜻이야. 남에게 끼친 손해를 돈이나 물건 등으로 물어주는 일을 뜻하지. 배상과 같은 의미라 할 수 있는데 법적으로는 쓰지 않는 용어야.

분필 粉筆

– 낡은 칠판을 교체하면서 분필 가루 날리는 교실이 사라지고 있다.
– 분필 하나로 인체 해부도를 완벽히 그려낸 의대 교수가 화제다.

옛날 마땅한 놀거리가 없던 시절 어린이들은 분필로 이런저런 장난을 쳤어. 종이에 연필로 쓸 때와 칠판에 분필로 쓸 땐 느낌이 달랐고 부러뜨린 분필을 친구에게 던져서 맞히는 짜릿한 기분도 좋았지. 분필의 이름이 왜 분필인지는 전혀 궁금하지 않았어. 단어가 만들어진 이유를 알면 재미도 있고 지식을 획득하는 방법도 알 수 있었을 텐데 누구도 질문하지 않았지.

분필은 가루 분粉과 붓 필筆로 이뤄진 단어로 가루로 된 붓, 즉 가루를 뭉쳐서 붓처럼 사용하는 물건이라는 뜻이야. 탄산석회나 구운 석고 가루를 물에 개어 손가락 크기로 굳힌 후 칠판에 글씨를 쓸 때 사용하지. 분필을 대체하는 필기구들도 많이 있지만 앞으로도 한동안 분필은 교실에서 선생님, 학생들과 함께 살아 숨 쉴 거라는 느낌이 들어. 분필을 백묵이라고도 하는데 흰 백白과 먹 묵墨으로 이뤄진 이 단어는 먹물 역할을 하는 하얀색 물건이라는 뜻이야.

그 밖의 필기구들의 의미를 살펴보면 볼ball이 들어 있기 때문에 볼펜ball pen, 사인하는 데 사용하기에 사인펜, 흑연으로 만든 필기구여서 흑연 연鉛을 써서 연필이라고 해. 판서는 널빤지 판板과 글 서書로 이뤄진 단어로 널빤지, 즉 칠판에 글씨를 쓴다는 의미야. 칠판은 칠을 한 판자라는 뜻이지. 옛날에는 흑판이라고 불렸는데 그 시절엔 검은색 칠판이 많았기 때문이야.

선생님이 올라서서 강의를 하는 곳은 교단이라고 하지. 단壇은 주변보다 높게 올린 곳을 일컫는 말이므로 교단은 가르치기 위해 높게 만든 곳이라는 의미야. "교단에 서다"라고 하는 것은 비유적으로 교사 생활을 한다는 뜻, "교단을 떠나다"라고 하는 것은 비유적으로 교사 생활을 그만두었다는 뜻이지. 교단 앞에는 교탁이 있는 데 가르치기 위해 사용하는 탁자라는 뜻이야.

책을 놓기 위한 상床이라서 책상, 걸터앉게끔 만든 물건이라서 걸상이라고 하지. 개인 물건을 넣어 놓은 상자는 개인 사私, 물건 물物, 상자 함函을 써서 사물함이라고 해. 교훈은 학교 교校가 들어간 단어로 학교의 교육 이념이나 목표를 간단하고 명료하게 나타낸 표어를, 급훈은 학급 급級이 들어간 단어로 학급에서 교육 목표로 내세운 가르침을 의미하는 말이야.

교실 옆의 긴 통로인 복도는 겹칠 복複과 길 도道가 들어간 단어로 겹쳐 사용하는 길이라는 뜻이지. 교실이 그 반 학생들만의 공간이라면 복도는 누구나 겹쳐서 사용할 수 있는 길이기에 붙은 이름이야.

빌 공空이 들어간 단어인 공책은 비어 있는 책이라는 뜻이며. 스스로 익힐 수 있는 책이라서 자습서, 참고로 보는 책이라서 참고서, 문제를 모아 놓았으니까 문제집이라고 하지. 옛날 초등학생들, 즉 국민학생들의 참고서는 전 과목 자습서를 줄여 전과라고 불렀어. 별로 자연스럽지 않은 줄임말이지? 마지막으로 공부의 의미는 무엇일까? 만들 공工과 대장부 부夫로 이뤄진 이 단어는 대장부답게 만드는 일이라는 의미야. 과거의 남성 중심 사회에서는 대장부 부가 들어갔지만 요즘은 성평등을 지향하는 사회니까 공부를 인간답게 만드는 일로 해석해야 옳겠지. 아니면 공부 대신 공인工人이라고 하면 어떨까.

이를테면 "자! 우리 이제 공인하자", "공인 못한다고 너무 속상해하지 않아도 돼"처럼 쓰는 거야. 어색하고 이상하다고? 처음이니까 그렇겠지만 익숙해지면 자연스럽다고 느끼게 될 거야.

난이도難易度와 난도難度

– 올해 수능의 난이도를 가늠할 마지막 모의평가가 실시된다.
– 합격 인원을 조정하기 위해 시험 난이도를 조절하는 것을 검토하고 있다.
– 김동녘 선수는 난도가 높은 체조 기술을 선보였다.

수능 시험이 끝나고 나면 항상 듣는 단어가 바로 난이도와 난도야. 시험 문항의 수준과 관련해 자주 쓰이는 표현이지. 그런데 이 표현을 제대로 알고 있는 사람은 많지 않아. '난이도가 높은' 혹은 '높은 난이도'라는 말을 들어 보았을 텐데, 이는 잘못된 표현이야. 난이도는 어려울 난難, 쉬울 이易, 정도 도度로 이뤄진 단어로 어려움과 쉬움의 정도라는 뜻인데 어려움과 쉬움의 정도는 높을 수도, 낮을 수도 없어. 따라서 "난이도를 잘 조절해야 한다"라는 표현만 가능해. '높다' 혹은 '낮다'는 말을 사용하려면 어려움의 정도라는 뜻의 난도를 쓰는 것이 옳아. 즉 "난도가 높다", "난도가 낮다" 등이 옳은 표현이지.

안전사고는 공장이나 공사장 등지에서 주의 소홀이나 안전교육 미비로 인해 일어나는 사고를 일컫는 말이야. 그런데 조금 깊이 생각해 보면 안전한 사고란 있을 수 없고 안전하기 때문에 사고가 나는 것도 아니므로 모순된 표현임을 알 수 있어. '안전교육 미비로 인한 사고' 혹은 '안전의식 부족으로 인한 사고'라고 하기엔 너무 길어서 줄여 썼다

는 것도 설득력이 없어. 그렇다면 차라리 부주의 사고라고 하는 편이 나았을 테니까.

피로 회복 역시 잘못 조합된 모순된 말이야. 피로는 일에 시간과 힘을 지나치게 많이 사용해서 정신이나 육체가 지치고 힘들다는 뜻, 회복은 이전 상태로 돌이키거나 본디 상태를 되찾는다는 뜻이잖아. 피로를 되돌아오게 한다는 건 계속 피로하게 만든다는 뜻이 되므로 피로라는 단어와 함께 쓰려면 없앤다는 의미의 해소를 써야 맞지. 회복이란 단어와 함께 쓰려면 본디 타고난 기운이라는 의미의 원기를 쓰는 게 맞고. 즉 피로 해소나 원기 회복이 올바른 표현인 거야.

"안전 불감증이 불러온 인재"라는 표현을 뉴스에서 자주 들었을 거야. 여기서 안전은 편안할 안安과 온전할 전全으로 이뤄진 단어로 위험이 생기거나 사고가 날 염려 없이 편안하고 온전한 상태라는 의미야. 불감증은 감각이 둔해지거나 익숙해져서 별다른 느낌을 갖지 못하는 상태를 뜻하지. 그러므로 안전 불감증은 사고에 대한 인식이 둔해지거나 안전에 익숙해져서 사고의 위험에 대해 별다른 느낌을 갖지 못하는 증세를 의미해. 인재는 사람 인人과 재앙 재災로 이뤄진 단어로 사람에 의해 만들어진 재난이라는 뜻이야. 풍수해, 지진, 가뭄 등 자연의 변화로 일어나는 재앙을 일컫는 천재와 반대되는 개념이지.

학교안전공제회가 있다는 사실 알고 있니? 학교에서 일어나는 사고를 예방하고 교육활동 중에 발생한 사고에 대한 보상을 담당하는 기관이야. 유치원생부터 고등학생까지 입학과 동시에 자동으로 가입되므로 교육활동 중에 일어난 사고는 학생이라면 누구라도 혜택을 받을 수 있어. 치료비뿐 아니라 입원비와 약제비에다 보장구 구입비와 간병인 비용까지 받을 수 있으니 잘 알아 두었다가 혹시라도 사고를 당했을 때 이용하면 좋겠지. 보장구는 도울 보(保), 장애 장(障), 도구 구(具)로 이뤄진 단어로 장애인들의 활동을 도와주는 용구나 도구를, 볼 간(看), 병 병(病), 사람 인(人)으로 이뤄진 간병인라는 단어는 활동이 어려운 병자를 돌봐 주는 사람을 가리키는 말이야.

다시 보여,
한자
어휘

5

입춘立春

- 입춘이 지났는데도 아직도 추위가 가시지 않고 있다.
- 태양의 고도는 춘분이 지나면서부터 점점 높아지다가 하지에 최고도에 이른다.
- 오늘 아침은 된서리가 내리기 시작한다는 상강으로 전국적으로 기온이 뚝 떨어졌다.

이십사절기는 음력과 양력 가운데 어느 것을 따른 것일까? 음력을 사용한 옛 어른들이 이십사절기를 요긴하게 이용했으니 음력이 분명하리란 예상과 달리 이십사절기는 양력을 따른 거야. 이십사절기 중에서도 특히 동지는 팥죽을 먹는 날로 유명하지. 매년 12월 21일이나 22일을 동지, 6월 21일이나 22일을 하지라고 하는데, 동지는 밤의 길이가 가장 긴 날, 하지는 낮의 길이가 가장 긴 날이야. 밤과 낮은 모두 태양과 관계가 있으니 동지와 하지를 포함한 이십사절기는 모두 양력을 따른 것이지.

농사를 중심으로 살던 옛사람들에게 가장 필요한 것은 햇볕이었어. 곡식도, 나무도 햇볕이 모자라면 잘 자랄 수 없고 제대로 열매를 맺지 못하니까. 지금보다 옛날에, 도시 사람보다 농촌 사람들이 이십사절기를 더 중요시한 것도 그런 이유였지.

그럼 양력과 음력에 대해 알아볼까? 양력은 지구가 태양을 한 바퀴 도는 시간을 1년으로 하는 역법, 음력은 달이 지구를 한 바퀴 도는 시간을 기준으로 만든 역법이야. 서양에서 양력을, 동양에서 음력을 만들었다는 생각은 잘못이지.

동지는 겨울 동冬과 이를 지至로 이뤄진 단어로 겨울이 이르렀다는 뜻이야. 12월 초부터가 겨울인데 12월 21일, 22일에 겨울이 이르렀다는 게 이상하다면 여기서의 겨울을 진짜 겨울로 해석하면 되겠지. 그럼 하지는 여름이 이르렀다는 의미일 테고.

낮과 밤의 길이가 같은 날은 춘분 혹은 추분이라고 하지. 춘분은 봄이 본격적으로 시작되면서 낮의 길이와 밤의 길이가 나뉘는 때, 추분은 가을이 본격적으로 시작되면서 낮의 길이와 밤의 길이가 나뉘는 때로 풀이하면 어떨까?

입춘, 우수, 경칩, 춘분, 청명, 곡우, 입하, 소만, 망종, 하지, 소서, 대서, 입추, 처서, 백로, 추분, 한로, 상강, 입동, 소설, 대설, 동지, 소한, 대한을 이십사절기라 하는데, 1년을 15일 간격으로 이십사 등분해서 계절을 구분하는 것이라고 이해하면 돼. 농사일에도 매우 중요한 역할을 할 뿐 아니라 기후의 표준점이 되기도 하지.

입춘은 봄이 세워졌다는 뜻인데 봄기운이 나타나기 시작했다는 의미로 이해하면 좋을 것 같아. 입하는 여름 기운이, 입추는 가을 기운이, 그리고 입동은 겨울 기운이 나타나기 시작했다는 의미이겠지. 개구리가 겨울잠에서 깨어나 나오는 날을 경칩이라 하는데 놀랄 경驚과 겨울잠 자는 벌레 칩蟄으로 이뤄진 단어야. 겨울잠 자는 벌레가 깨어날 정도로 날씨가 풀린다는 의미지. 곡우는 곡식 곡穀, 비 우雨로 곡식을 자라게 하는 비가 오는 날이라는 의미이고.

조금 덥기 때문에 작을 소小, 더울 서暑의 소서이고, 크게 덥다 해서 큰 대大의 대서야. 처서는 왜 처서라 하는 것이냐고? 처리할 처處야. 더위를 처분한다는 의미로 더위가 물러가는 때이기 때문이지. 밤에 기온이 이슬점 이하로 내려가 흰 이슬이 맺히기 시작한다고 해서 백로白露고, 차가운 이슬이 맺히기 시작한다고 해서 한로寒露야. 서리가 내리기 시작한다고 해서 서리 상霜, 내릴 강降의 상강이지.

여름이 되면 초복, 중복, 말복이라는 말을 많이 듣는데 이 복날들은 엄청나게 무덥고 10일 또는 20일 간격으로 찾아온단다. 하지만 이십사절기에는 포함되지 않아. 복날은 음력과 양력 가운데 무엇을 따른 것일까, 양력을 따른 거야. 더위와 관계 있으니 태양이고 태양과 관계가 있으니 양력을 따르지. 하지만 몇 월 며칠로 정해지진 않았어. 해마다 달라진다는 말이지. 초복은 보통 하지로부터 세 번째 경일庚日로 7

월 10일부터 7월 19일 사이에 있는 날이야. 경일은 육십갑자에서 경庚이 들어간 날을 말하지. 초복에서 10일 후가 중복, 중복에서 10일, 때로는 20일 후가 말복이야. 복날에 엎드릴 복伏이 들어간 이유에 대해서는 여러 설이 있지만 태양과 멀어지고 싶어서 엎드리기 때문이라는 게 제일 유력하지. 처음 엎드린다고 해서 초복, 중간에 엎드린다고 해서 중복, 마지막으로 엎드린다고 해서 말복이 아닐까?

대한이 소한 집에 놀러가서 얼어 죽었다는 속담이 있어. 이름으로 보면 대한이 더 추운 날일 듯한데 실제로는 소한이 더 춥다는 얘기지. 이유가 뭘까? 2000년 전 고대 중국에서 이십사절기를 만들었기 때문이고 중국과 우리의 기온은 차이가 있기 때문이야.

방학 放學

- 여름방학 독서 프로그램이 큰 호응 속에 마무리됐다.
- 학교는 오랜 방학을 끝내고 등교한 학생들로 활기 넘치는 분위기였다.

학생들은 방학에 왜 공부를 해야 하냐고 불평하지만 학부모들은 방학이 아니면 언제 부족한 공부를 보충하냐며 노심초사하지. 뿐만 아

니라 방학을 이용해 다음 학기 공부할 내용을 미리 공부해 놓기를 바라는 게 학부모 마음이야.

방학은 놓을 방(放)과 배울 학(學)으로 이뤄진 단어로 배움을 놓아 버린다는 의미야. 그런데 배움을 놓아 버린다는 것이 공부를 놓아 버린다는 뜻은 아니란다. '배움을 놓아 버린다'를 '선생님에게 가르침 받는 일을 하지 않는다'로 이해하는 것이 좋아. 선생님의 가르침을 받지 않을 뿐이지 공부 자체를 그만두는 일은 아니라고 이해해야 한다는 이야기야. 배우지 않고 어떻게 공부를 하냐고? 책으로 스스로 탐구하여 지식을 쌓고 지혜를 키워 가면 되는 거야. 즉 독학을 하는 거지. 공부는 본래 혼자 스스로 책을 통해 하는 것이니까. '공부하다'라는 뜻을 가진 'study'라는 영어 단어를 영어사전에서는 "연구하다, 조사하다, 공부하다, 검토하다, 관찰하다" 혹은 "책, 경험 등을 통한 공부, 연구"라고 풀이하고 있어. 이로 미루어 보아 배우는 것이 아니라 연구하는 것이 공부라는 사실을 알 수 있지.

'배우다'의 의미를 잘못 이해하는 사람도 많아. 국어사전에 "새로운 지식이나 교양을 얻다, 새로운 기술을 익히다, 남의 행동, 태도를 본받아 따르다"라고 분명히 나와 있는데도 대부분 '배우다'를 '누군가에게 가르침을 받다'라는 뜻으로 생각하지. 그러므로 방학 때 학교에 가지 않는 건 당연하지만 방학이라서 공부를 하지 않아도 된다는 생각은 옳지 않아.

그럼 방학에는 무엇을 해야 할까? 독서나 여러 가지 체험활동을 해도 좋고, 스스로 탐구학습을 하는 것도 바람직하지. 쉬기도, 놀기도 하고, 때론 여행을 하거나 문화생활을 하면서 이리저리 혼자 생각하는 시간을 갖는 것도 필요해. 사실 이러한 일들이 교실에서 선생님 설명을 듣는 것보다 훨씬 중요한 공부가 될 수 있어. 인간은 스스로 체험하고 익히고 생각하고 실패하는 가운데 성장하기 때문이야. 배워야만 알 수 있게 된다는 생각, 배우지 않으면 성장할 수 없다는 생각도 버려야 해. 방학에는 스스로 공부하도록 애쓰고 책과 씨름하며, 체험하고 여행함으로써 스스로 성장하는 기쁨을 맛볼 수 있어야 해.

방학이 끝나면 개학을 하지. 개학은 열 개開와 배울 학으로 이뤄진 단어로 학교가 문을 열었다는 뜻이야. 개학을 하면 학생들은 등교를 하는데 오를 등登과 학교 교校로 이뤄진 이 단어는 학교에 오르는 걸 뜻하지. 반대로 하교는 학교에서 내려가는 일을 뜻한단다. 하下는 '아래'라는 의미지만 '내려가다', '내리다'라는 뜻으로도 쓰니까. 상上 역시 위라는 의미와 함께 '오르다', '올라가다'라는 뜻으로 많이 쓰지.

코로나로 등교가 연기될까 봐 걱정하는 학부모들이 많았는데 연기는 늘릴 연延과 기간 기期로 이뤄진 단어로 정해진 기한을 뒤로 미룬다는 의미야. 연기가 시간을 늦추는 것인 데 비해 연장은 시간을 늘리는 일뿐 아니라 공간의 길이를 늘이는 일에도 해당되는 말이야. 연인원, 지연, 연착, 연체, 연장전, 연면적, 연건평, 만연 등은 늘릴 연이 들어간 단어의 예라고 할 수 있어. '늘이다'와 '늘리다' 중 바르게 쓴 단어는 무엇일까? 둘 다 올바른 단어야. '늘이다'는 길어지게 한다는 의미, 늘리다는 시간, 숫자, 수량, 부피가 많아지게 한다는 의미지. 따라서 고무줄은 늘이는 것이고, 시간이나 재산은 늘리는 것이야.

대학교 이름인 연세대학에도 이 늘릴 연이 들어갔지만 여기서는 세상을 늘리는 학교라는 의미가 아니야. 옛날에 연희대학과 세브란스의과대학이 통합되면서 두 학교의 첫 글자인 연과 세를 따서 연세대학교라는 이름을 지었지. 연희는 대학이 있는 마을 이름, 세브란스는 세브란스병원 설립에 기여한 미국 부호의 이름이었어. 세世는 세브란스의 세를 음차한 것으로 세상이라는 뜻과도 아무 관련이 없단다.

대학수학능력시험 大學修學能力試驗

- 대학수학능력시험일이 다가오면 불안과 초조에 시달리는 수험생들이 많다.
- 암기 위주 시험을 지양하고 고도의 정신 능력을 측정함으로써 중등교육의 질적 수준을 높이는 것이 대학수학능력시험의 목적이다.

대한민국에서 대학수학능력시험에 자유로운 사람이 몇이나 될까? 대학수학능력시험은 대학, 수학, 능력, 시험을 합한 말이야. 수학은 학문을 닦는다는 뜻이고 수학여행에서의 수학도 같은 뜻으로 학문을 닦기 위한 여행을 의미하지. 여행에서 학문을 닦는다니 이해가 안 될 수도 있지만 세상을 알아 가고 인간을 이해하는 것 역시 중요한 학문이라고 생각하면 고개가 끄덕여질 거야. 즉 수학여행은 배우고 성장하기 위해 떠나는 여행이라고 할 수 있어.

능력은 일을 잘해 낼 수 있는 힘이라는 뜻, 시험은 실력이나 재능 등을 일정한 절차에 따라 검사하고 평가하는 일이란 뜻이지. 그러니까 대학수학능력시험은 대학에 입학하여 학문 닦는 일을 감당해 낼 힘이 있느냐, 없느냐를 검사하고 평가하는 일이야. 지식을 얼마만큼 가지고 있느냐를 확인하기보다는 대학에서 공부할 수 있는 능력을 가진 사람을 가려내기 위한 시험이지.

대학수학능력시험을 이야기할 때 빼놓을 수 없는 단어가 사고력이야. 출제위원장들은 해마다 통합 교과서적 소재를 바탕으로 하여 사고력 측정 문제 위주로 출제했다는 말을 하곤 해. 사고력은 생각하는 힘을 뜻하므로 대학수학능력시험에서 좋은 결과를 얻으려면 암기력보다도 생각하는 힘을 기르려고 노력해야 해. 근력과 지구력을 기르고 싶다면 꾸준히 땀을 흘려야 하는 것처럼 사고력을 기르기 위해서도 꾸준히 땀흘리고 노력하는 수밖에 없지. 다시 말해 대학수학능력시험에서 좋은 결과를 얻으려면 사고력을 길러야 하고, 사고력을 기르고 싶으면 남의 도움에 의존하지 않고 스스로 머리를 쥐어짜는 과

정을 즐겨야 해.

공부와 비슷한 말로는 학습과 학문이 있어. 학습이 배울 학學과 익힐 습習으로 이뤄진 단어라는 사실에서 알 수 있듯이 배우고 익히는 일이 바로 공부지. 배움만으로도, 익힘만으로도 부족하며 배움과 익힘을 함께해야 해. 많은 사람들이 배움을 중요시하지만 사실은 배움보다 익힘이 더 중요하단다. 스스로 익히는 시간이 많아야 좋은 결과를 얻을 수 있다는 소중한 비밀을 잊지 말기를. 학문이라는 단어에 질문할 문問이 들어간다는 사실도 주목해야 해. 공부는 의문을 품는 일에서 시작되며, 질문을 할 수 있고 의문을 품을 수 있어야 공부를 잘할 수 있다는 말이지. 공부를 잘하는 건 생각보다 어려운 일이 아니야. 혼자서 생각하며 익히는 시간을 많이 가지고, 사소한 것에도 의문을 품고, 스스로 의문을 풀려고 끙끙대다 보면 누구나 잘할 수 있어. 힘들어도 참고 하다 보면 어느새 환하게 웃는 자신을 발견할 거야.

완봉승 完封勝

- 9회 말 좌익수의 에러로 완봉승이 날아가자 투수는 허탈한 표정이었다.
- 정확하고 빠른 포수의 송구로 1루 주자의 도루를 방해했다.
- 선발투수는 5회까지 직구와 변화구로 삼진 일곱 개를 잡아내며 무실점 호투했다.

서양에서 들어온 스포츠에도 한자어를 쓰는 경우가 많은데 그 이유는 한자가 소통에 효율적이기 때문이야. 우리말 일고여덟 음절이 필요한 말도 한자어로는 서너 음절이면 표현할 수 있어. 야구 용어에도 한자어가 많은데 우선 야구라는 단어가 들 야野와 공 구球로 이뤄진 한자어로 들에서 하는 공놀이라는 뜻이지.

투수는 던질 투投와 손 수手로 이뤄진 단어로 던지는 선수라는 의미야. 수는 손이라는 뜻도 되지만 특별한 재주를 가진 전문가라는 의미로 많이 쓰지. 가수, 목수, 명사수 등의 단어가 그 예라고 할 수 있어. 투수의 공을 받는 선수는 잡을 포捕를 써서 포수라고 해. 경기장 안쪽 부분에서 수비하는 선수는 내야수, 바깥쪽 부분에서 수비하는 선수는 외야수라고 하지. 외야수 중 오른쪽을 지키는 선수는 날개 익翼을 써서 우익수, 왼쪽을 지키는 선수는 좌익수, 가운데를 지키는 선수는 굳셀 견堅을 써서 중견수라고 한단다. 2루와 3루 사이를 지키는 내야수는 유격수라 하는데 떠돌 유遊와 공격할 격擊이 들어간 이 단어는 형

편에 따라 떠돌면서(자리를 옮기면서) 상대편 공격을 막아 내는 선수라는 의미야.

수비가 허술한 틈을 타서 다음 베이스까지 가는 일은 도루라고 하는데, 훔칠 도盜와 진 루壘로 이뤄진 이 단어는 진(작은 성)을 훔쳤다는 의미야. 안타는 한 베이스 이상 안전하게 갈 수 있도록 쳤다는 뜻이지. 홈런home run은 홈까지 달릴 수 있도록 쳤다는 뜻, 아우를 병倂이 들어간 병살타는 두 선수를 아울러 죽게 만들도록 쳤다는 뜻이야. 수비수가 타구를 잡아 1루에 던졌다면 아웃시킬 수 있었는데도 선행 주자를 아웃시키려다 실패해서 모두 살려 주는 일을 야수선택이라고 해. 타자가 스트라이크를 세 번 당해서 아웃이 되는 것은 삼진이라고 하는데

석 삼三과 떨 진振으로 이뤄진 이 단어는 세 번 떨렸다는 의미야. 스트라이크를 당하거나 파울을 칠 때마다 가슴이 떨리게 마련이니까.

완전할 완完, 던질 투投, 이길 승勝으로 이뤄진 완투승이라는 단어는 완전하게 던졌다는 의미로 투수가 경기 시작부터 끝까지 교대하지 않고 공을 던져 승리했을 때 쓰는 말이야. 홈런을 열 개 맞아도 경기가 끝날 때까지 던지고 승리하면 완투승이지.

완봉승이라는 단어에는 봉할 봉封이 들어가는데 여기서의 봉은 단단히 막았다는 의미야. 즉 완벽하게 단단히 막아 이겼을 때 쓰는 표현으로 한 사람의 투수가 경기가 끝날 때까지 던지는 동안 상대 팀에게 한 점도 주지 않고 이긴 경기를 일컫지.

삭발 削髮

- 시위 중인 학생들은 삭발 후 온종일 단식농성을 했다.
- 한 유도선수는 몸무게 측정을 통과하기 위해 삭발을 단행했다.

삭발은 깎을 삭削과 머리털 발髮로 이뤄진 단어로 두피가 드러나도록 머리털을 몽땅 깎는 일을 의미하지. 옛날에는 삭발이 성직자와 세속인을 구별하는 기준이었어. 삭발은 성직자들이 세속적 죄를 범하는 것을 방지하는 역할도 했지. 스님들은 부처님을 따라 삭발한다는 말이 있는데 부처님께서는 왜 삭발을 하셨을까? 부와 권력과 명예를 거부하고 모든 중생을 평등하게 섬기는 수행자의 삶을 살겠다는 위대한 결심을 삭발로 표현하신 것 아닐까? 세속적 번뇌를 단절하기 위해서 혹은 일반인과 구별하려는 의도 때문이었을 수도 있겠지.

투쟁의 수단으로 삭발을 하는 이유는 삭발이 저항의 의미를 담고 있기 때문이야. 우리나라에는 삭발을 하는 정치인들이 참 많았는데, 절박함을 표현하고 대중에 강렬하고 선명한 이미지를 심어 주기 위해서였어. 정치적 의지를 대외적으로 보여 주려는 의도인 경우도 많았지. 알리고 싶고 영향력을 발휘하고 싶은데 마땅한 방법이 없을 때 삭발을 하기도 했어. 쉽지 않은 일이었기에 삭발을 하면 사람들이 관심을 가지고 공감해 주었거든.

삭제, 삭감, 첨삭 등도 깎을 삭이 들어간 단어들이야. 포클레인이라는 건설기계는 굴삭기의 일종으로 건물 지을 터에 정지 작업을 하거나 도로 건설, 벌목사업 등에 사용하지. 굴삭기는 파낼 굴掘, 깎을 삭, 기계 기機로 이뤄진 단어로 파내고 깎는 데 사용하는 기계를 일컫지. 즉 땅이나 암석을 파고 깎는 데 사용하는 건설기계를 통틀어 굴삭기라고 한단다.

백발, 금발, 은발, 가발, 장발, 단발령 등은 머리털 발이 들어간 단어들이야. "간발의 차이로 승리했다"라는 문장에서 간은 사이 간間임을 쉽게 짐작할 수 있는데 발은 무슨 의미일까? 머리털 발髮이야. 따라서 간발은 머리털 사이라는 뜻으로 아주 작은 차이를 과장되게 표현하는 말이지. 재미있는 표현 몇 가지 더 알아볼까? 아주 어렵게 가까스로 승리했을 때 신승을 거두었다고 하지? 당연히 이길 승勝이 들어간 단어일 텐데 여기서 신은 무슨 뜻일까? 매울 신辛으로 매운맛을 보면서 이겼다는 의미지. 여유 있고 쉽게 이겼을 땐 낙승을 거두었다고 하는데 이때는 즐거울 낙樂이 들어가서 즐겁게 이겼다는 뜻이야. 약간의 점수 차이로 아깝게 졌을 때는 석패라고 하는데 아까워할 석惜과 패할 패敗로 이뤄진 이 단어는 아깝게 졌다는 말이지. 분패憤敗라는 말은 이길 수 있었는데 분하게 진 것을, 완전하게 패한 것은 완전할 완完을 써서 완패라고 해.

다스릴 리理가 들어간 이발소라는 단어는 머리를 예쁘게 다스리는 장소, 미용실은 용모를 아름답게 만들어 주는 집이라는 의미지. 조금도 마음을 놓을 수 없는 절박한 순간을 위기일발이라고 하는데 위기가 머리털 간격만큼 가까이 왔음을 일컫는 말이야.

《효경》에는 "신체발부身體髮膚 수지부모受之父母 불감훼상不敢毀傷 효지시야孝之始也"라는 공자의 가르침이 나오는데 머리끝에서 발끝까지의 몸 전체는 부모로부터 받은 것이니 감히 헐게 하여 상하게 하지 않는 것이 효도의 시작이라는 뜻이야. 신체발부는 몸과 머리털과 피부라는 뜻으로 몸 전체를 가리키지.

시무식 始務式

- 각각의 관공서나 기업체에서는 한 해의 업무를 시작하며 시무식을 진행한다.
- 군포시는 코로나 확산 방지를 위해 온라인 시무식을 개최했다.

"올해도 우리의 목표는 즐거운 마음으로 웃으며 생활하는 것입니다"
라는 말을 시무식에서 들으면 기분이 참 좋겠지? 시작할 시始, 일 무務,
의식 식式으로 이뤄진 시무식이라는 단어는 새해가 되면 관공서나 기
업체에서 새로운 마음으로 일을 시작하자는 뜻으로 행하는 의식이야.
대체로 신정 휴일 다음 날인 1월 2일에 시무식이 열리지. 마칠 종終이
들어간 종무식이라는 단어는 12월 31일, 한 해의 업무를 마치는 것을
기념하는 행사를 뜻하는 말이야.

시무식에서는 기업체나 관공서의 최고 책임자가 하는 신년사와
그해 업무 목표 발표를 가장 중요시하지. 보통은 시무식과 신년 하례
식을 겸해 간단한 리셉션을 하면서 서로 인사하고 덕담을 주고받는
단다. 축하할 하賀가 들어간 하례식이라는 단어는 축하의 의미에서
벌이는 잔치나 의식을 일컫는 말이야.

시작할 시와 일 업業이 들어간 시업식이라는 단어는 어떤 일이나
사업 등을 시작하면서 하는 의식을 의미해. 학교 수업이 시작되는 학

기초에 교사와 학생 모두가 모여서 하는 의식도 시업식이라고 한단다. 학교에서 한 학기 또는 한 학년 동안의 학업을 마칠 때 행하는 의식은 마칠 종을 써서 종업식이라고 하지. 결혼식 혹은 혼례식은 남녀가 서로 부부 됨을 만인들 앞에서 약속하는 의식이고, 장례식은 장사를 지내는 의식, 즉 죽은 사람을 땅에 묻거나 화장하는 의식이야.

'식'은 법, 제도, 의식이라는 의미로 많이 사용해. 상을 줄 때 베푸는 의식을 시상식, 일정 기간 열리는 대회나 행사에서 그 시작을 알리고자 행하는 의식을 개회식 또는 개막식이라고 하지. 예전 방식이나 형식은 구식, 새로운 방식이나 형식은 신식이라고 해. 있을 재在와 올 래來가 들어간 재래식이라는 단어는 옛날부터 있어 왔던 의식이라는 의미야.

국가나 사회가 공적으로 인정한 형식이나 방식을 공식, 공적으로 규정하지 않은 사사로운 형식이나 방식을 비공식이라고 하지. 토목이나 건축 등의 일을 시작할 때 치르는 의식은 기공식起工式, 공사를 마쳤음을 축하하는 의식은 마칠 준竣을 써서 준공식이라고 한단다. 장인 공工은 만들다 혹은 공사, 일이라는 의미로 쓸 때가 많아.

연말이 되면 송년회와 망년회를 여는데 송년회는 보낼 송送, 해 년年, 모임 회會로 이뤄진 단어로 한 해를 보내는 모임을, 잊을 망忘이 들어간 망년회는 그해의 모든 괴로운 일을 잊어 버리자는 뜻에서 갖는 모임을 일컫는 말이야.

미친 어휘력 2

난사亂射

- 재장전을 할 때를 제외하고는 계속 총을 난사했다고 목격자들은 전했다.
- 언론은 침착한 대응으로 총기 난사범을 쓰러뜨린 여경을 대서특필하며 영웅시했다.
- 미국에서 일어난 총기 난사 사건은 한국에도 충격을 주었다.

총기는 총 총銃과 기구 기器로 이뤄진 단어로 화약의 힘으로 탄환을 발사시키는 무기를 일컫는 말이야. 권총, 소총, 기관총, 엽총 등이 모두 총기의 일종이지. 주먹 권拳이 들어간 권총이라는 단어는 주먹으로 쥘 수 있는 총, 즉 한 손으로 쥐고 발사할 수 있는 작은 총을 의미해. 작을 소小가 들어간 소총도 작은 총을 뜻하는데 크다는 것도, 작다는 것도 상대적이니 얼마나 작은 총을 말하는 걸까? 총신이 긴 옛날 총을 장총이라고 했는데 그 장총에 비해 작아서 소총이라는 이름을 붙였으니 분명 권총보다는 큰 총을 말하지.

기관은 화력이나 수력 등의 에너지를 기계적인 힘으로 바꾸는 장치를, 기관총은 자동기계 장치가 장착되어 탄알이 자동으로 장전되면서 연속해서 발사되는 총을 의미해. '엽총'은 몸 옆에 대고 쏘니까 '옆총'이 옳은 표기라고 생각할 수도 있지만 이때의 엽은 사냥할 엽獵이야. 사냥하기 위한 총이지.

원시시대를 수렵채집사회라고 하는 데 생존 수단으로 야생동물을 수렵하고 식물을 채집해서 살아가는 사회였기에 붙은 이름이야. 이는 계층이나 국가가 발생하기 이전 인류사회의 보편적 모습이라고 볼 수 있어. 수렵은 사냥할 수狩와 사냥할 렵獵으로 이뤄진 단어로 총이나 여타 도구를 이용해 산이나 들에서 짐승을 잡는 일을, 비밀 밀密이 들어간 밀렵은 몰래 산이나 들의 짐승을 잡는 일을 가리키지. 어린 시절 강에서 천렵하며 놀았다라는 문장에서 천렵은 내 천川이 들어간 단어로 냇물에서 고기 잡는 일을 뜻한단다.

난사는 어지러울 난亂과 쏠 사射로 이뤄진 단어로 어지럽게 쏜다는 의미야. 총을 쏠 때에는 사람이나 사물을 겨누어 쏘는 것이 일반적인데 일정한 곳을 겨냥해서 쏘지 않고 함부로 어지럽게 쏠 때 난사한다고 말하지. 반란, 내란, 교란, 동란 등에 들어간 어지러울 난은 물체를 명확하게 볼 수 없게 된 눈의 상태를 가리키는 난시라는 단어에도 쓰인단다.

원시와 근시의 뜻이 헷갈릴 때 한자로 풀이하면 쉽고 간단해. 멀 원遠이 들어간 원시라는 단어는 멀리 있는 것이 보인다는 뜻이야. 가까운 것은 보이지 않는다는 의미가 숨어 있지. 반면 근시라는 단어는 가까운 것이 보인다는 뜻이니까 먼 곳에 있는 것은 보이지 않는다는 의미가 숨어 있어. 이렇게 생각하면 혼란스럽지 않을 거야.

어지러워질 착錯이 들어간 착시라는 단어는 '어지러워진 상태로 본다'는 의미로 사물을 실제와 다르게 보게 되는 시각적 착각 현상을

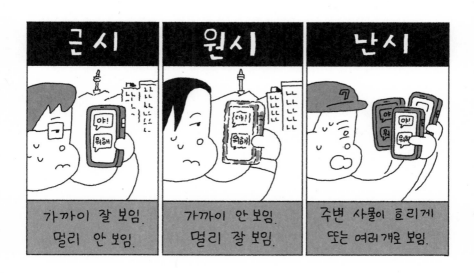

의미해. 겹칠 복複이 들어간 복시라는 단어는 한 개의 물체가 두 개로 보이거나 그림자가 생겨 이중으로 보이는 현상을, 비스듬할 사斜가 들어간 사시라는 단어는 한쪽 눈의 시선이 주시점과 일치하지 못하는 상태를 일컫지. 근시나 원시 등 교정이 필요한 시력을 잘 보이도록 하는 수술을 시력교정수술이라고 하는데, 여기서 교정은 바로잡을 교矯와 바로잡을 정正으로 이뤄진 단어로 틀어지거나 잘못된 것을 바로잡아 고친다는 의미야.

불후 不朽

- 이 작품은 수많은 사람이 읽어 온 불후의 명작이다.
- 공간과 시간을 초월해서 많은 사람들이 재미있게 읽는 책이야말로 불후의 명작이라 할 수 있어.

불후의 명곡, 불후의 명작, 불후의 업적이라고 할 때 불후를 사람들은 막연히 문맥을 살펴 '아주 훌륭한'이라는 뜻으로 생각하거나, '아니 불不'과 '뒤 후後'로 이뤄진 단어라고 추측해 '뒤에는 없을'이라는 뜻일 거라 생각해. 불후는 '아니 불不'과 '썩을 후朽'로 이뤄진 단어로 정확한 뜻은 '오래오래 썩지 않을'이야. 하지만 그 사실을 정확하게 아는 사람은 많지 않다. 물론 사전에는 "훌륭하여 그 가치가 영원토록 변하거나 없어지지 않음"이라는 뜻으로 나와 있지.

삼불후는 영원히 썩지 않는 세 가지인 덕, 공, 언어를 일컫는 말이야. 평소에 쌓은 덕이나 공은 사라지지 않으며, 한번 뱉은 말도 사라지지 않는다는 의미야. 덕과 공을 쌓는 데 힘을 쓰고 말조심을 하라는 가르침으로 여기서의 공功은 정성과 노력을 뜻하지.

자주 쓰면서도 뜻을 잘못 아는 말 가운데 하나로 이면지라는 단어가 있어. 요즘은 컴퓨터로 문서 작성을 하니 이면지가 많이 나오지. 이면지를 재활용하면 경비를 절약하고, 쓰레기를 줄이며, 환경도 보호할 수 있으니 일석삼조인데도 사용되지 않고 버려지는 경우가 많아. 이면지를 다를 이異, 표면 면面, 종이 지紙로 이뤄진 단어라고 생각하기 쉬운데 여기서의 이는 속 이裏야. 겉과 속이 다르다는 뜻의 표리부동이라는 말에서도 쓰지. 그러므로 이면지는 한 면을 이미 사용했어도 속에 있는 면을 사용할 수 있는 종이를 의미하는 말이야. 이미 많은 회사에서 하듯이 프린터 옆에 이면지함을 놓아두면 좋을 것 같아.

"애국가 제창"이라고 할 때 제창이라는 단어도 모두 제諸와 노래 부를 창唱으로 이뤄진, 모두 함께 노래한다는 의미로 생각하기 쉽겠지. 하지만 제창의 제는 모두 제가 아니라 가지런할 제齊야. 가지런하게, 같은 음으로 노래를 부른다는 의미지. 즉 동일한 가락으로 두 사람 이상이 동시에 노래하는 것이 제창이야. 합창은 제창과는 다른 뜻으로 여러 사람이 여러 성부로 나뉘어 서로 화성을 이루면서 다른 선율로 노래하는 것을 말하지.

이솝 우화에는 어리석은 행동을 하는 동물이 나오지만 현명하고 지혜로운 동물도 많이 나와. 어리석을 우愚라고 생각할 수도 있지만 이때의 우는 어리석을 우가 아니라 붙다, 비유하다라는 뜻의 우寓야. 인격화한 동식물이나 기타 사물을 주인공으로 내세워 그들의 행동을 통해 풍자와 교훈을 전하는 이야기를 우화라고 한단다. "이솝 우화는 우의를 통해 인생의 교훈을 가르친다"라는 문장에서의 우의 역시 다른 사물에 빗대어 의도한 뜻을 드러내거나 풍자한다는 말이야.

먹는 것을 거부하거나 두려워하는 병적 증상을 나타내는 사람을 거식증 환자라고 하지. 거식증이라는 단어에서의 거는 클 거巨가 아니라 거부할 거拒로, 먹는 것을 거부하는 병을 일컫지. 신경성식욕부진증이라고도 하는 이 병은 뚱뚱해지는 것에 대한 극단적 두려움 때문에 발생하는 정신 질환의 하나로 날씬해지고 싶다는 강렬한 욕구를 가진 여성들에게 많이 나타난단다. 이들은 체중 증가에 대한 두려움 때문에 극단적으로 식사량을 줄이고 식후에 무리하게 토하기도 해. 오래 지속되면 영양실조로 죽음에 이르기도 하므로 반드시 치료를 받아야 하고 기필코 날씬해지겠다는 생각에서 자유로워질 필요가 있어.

인간은 너나없이 저마다의 애환 속에서 살아간단다. 문학작품을 비평할 때 "인생의 애환을 적나라하게 묘사한 작품"이라고 했다면 여기서의 애환은 슬플 애哀와 기쁠 환歡으로 이뤄진 단어로 삶의 슬픔 뿐 아니라 기쁨까지 포함하는 말이야.

뉴스에 자주 나오는 명불허전名不虛傳이라는 말은 무슨 뜻일까? 이름 명名, 아니 불不, 헛될 허虛, 전할 전傳으로 이뤄진 이 사자성어는 이름은 헛되이 전해진 것이 아니라는 의미야. 이름이나 명예가 널리 퍼지게 된 데는 모두 그럴 만한 실력과 까닭이 있기 때문이라는 뜻이지.

전천후 全天候

- 1976년 9월 담양댐이 완공됨으로써 분지 내 농토는 전천후 농지가 되었다.
- 1965년에 완성한 휴스턴의 애스트로돔이 세계 최초의 전천후 야구장이다.
- 그는 국문학을 전공했지만 우리 부서에서 전천후로 불릴 정도로 못하는 일이 없다.

"앞쪽 들판이 모두 전천후 수리답이다", "어떤 포지션을 맡겨도 제 몫 이상을 하는 최고의 전천후 선수" 등의 문장에서 볼 수 있는 전천후는 어떤 뜻일까? 천후가 하늘 천天, 기후 후候로 이뤄진 단어로 기후, 날씨라는 의미니까 여기에 전체 전全을 덧붙인 전천후는 모든 기후에 다 가능하고, 어떤 기상조건에서도 제 기능을 다할 수 있다는 의미야. 그러므로 전천후 수리답이라는 말은 어떤 기후 상황에서도 물을 이용해서 농사를 지을 수 있는 논이라는 뜻이지. 요즘은 전천후라는 단어의 의미가 확장되어 어떤 상황에서도 자신에게 주어진 역할을 모두 해낼 수 있다는 의미로도 많이 쓴단다. 따라서 전천후 선수는 어떤 역할을 맡겨도 잘할 수 있는 능력을 갖춘 선수라는 말이지.

물 수水, 이로울 리利, 논 답畓으로 이뤄진 수리답이라는 단어는 물을 이롭게 이용할 수 있는 논이라는 뜻이야. 수리안전답이라고도 하며 수리 관개 시설이 잘되어 있어서 가뭄이 와도 안전하게 농사지을 수 있는 논을 가리키지. 이와는 달리 가물면 농사를 지을 수 없는 논을 천수답이라고 하는데 하늘에서 내려 주는 물로만 농사지을 수 있는 논이라는 의미지. 옛날에는 천수답이 많았는데 1960년대 중반 이후 저수지 건설과 경지정리 사업으로 수리답이 증가해 지금은 거의 모든 논이 수리답이 되었어.

밭농사에 비해 논농사는 물이 많이 필요하다는 것을 밭 전田 위에 물 수水가 들어간 '논 답畓'이라는 재밌는 한자를 통해서도 알 수 있어. 전은 밭이고 답은 논이야. "전답 팔아 공부시켰더니 건달이 되었다", "전답이 꽤 많은 부자다" 등의 문장에서 전답은 밭 전, 논 답으로 논과 밭을 아울러 일컫는 말이야. 옛날 시골에서는 밭과 논이 재산의 전부였으니까 재산이라는 의미로도 많이 쓰였어.

가뭄이나 홍수 등 어떤 기상조건에도 끄떡없이 농사를 지을 수 있을 때 전천후농업이라 하고 비가 와도 평상시와 동일한 조건에서 경기할 수 있는 육상경기장을 전천후 트랙, 어떤 날씨에도 작전을 수행할 수 있는 전투기를 전천후 전투기라고 한단다. 또 매우 좋은 날씨는 좋을 호好를 써서 호천후, 몹시 궂은 날씨는 나쁠 악惡을 써서 악천후라고 하지.

천天은 하늘, 하느님이라는 의미로도 많이 사용하지만 임금, 기후, 운명, 성질 등의 의미로 쓰기도 해. 이를테면 천황이라는 단어에서는 임금, 우천이라는 단어에서는 기후, 낙천적이라는 단어에서는 운명, 선천적이라는 단어에서는 성질이라는 의미야.

"저 사람은 천사야"라고 할 때 천사는 하나님의 사신, 즉 하나님과 인간의 중개자 역할을 하는 심부름꾼을 의미하지. 하지만 보통은 선량하고 어진 사람을 비유적으로 일컬을 때 많이 쓰고 있어. 우렛소리와 번개를 동반하는 대기 중의 방전 현상을 천둥이라고 하는데 이 단어는 천동에서 비롯되었어. 하느님이 움직였다는 뜻이지. '천혜의 조건', '천혜의 자원' 등에서처럼 주로 '천혜의~'라는 형태로 쓰는 천혜라는 단어는 하늘이 베푼 은혜라는 뜻이야. 줄 부賦가 들어간 천부적이란 단어는 하늘이 주었다는 의미이며, 천부적 재능은 태어날 때부터 이미 타고난 재능을 일컫는 말이야.

우상 偶像

– 우상 아래 무릎 꿇고 비는 것을 어떻게 진정한 종교 행위라 할 수 있을까?
– 모세는 시나이산에서 내려와 이스라엘 백성들이 만든 갖가지 우상을 파괴했다.
– 재물을 우상화하는 일이야말로 우리가 경계해야 할 어리석음이다.

하나의 단어를 다양한 의미로 쓰는 경우가 많은데 우상도 그중 하나야. 우상은 허수아비 우偶와 형상 상像으로 이뤄진 단어로 허수아비 형상이라는 뜻이지. 본래는 나무, 돌, 쇠붙이, 흙 등으로 만든 인형의 형상을 가리키는 말에서 의미가 확장되어 '종교적 숭배의 대상이 되는 것', '미신' 등의 의미가 덧붙었어. 기독교에서는 인간이 어리석은 생각으로 만들어 낸 신의 형상을 가리키는 말이기도 해. "그 선수는 올림픽에서 금메달 세 개를 따서 국민의 우상이 되었다"라는 문장에서는 대중이 추종하고 존경하는 대상이라는 또 다른 의미지.

철학에서도 우상을 이야기하는데 이때의 우상은 선입견적인 편견과 망상이라는 의미야. 르네상스시대에 이탈리아 철학자 브루노는 우상을 "진실한 것을 보이지 않게 하는 선입견"이라는 의미로 사용했어. 영국의 베이컨은 우상을 "인간이 가지는 잘못된 편견"이라고 정의했지. 베이컨은 우상을 종족의 우상, 동굴의 우상, 시장의 우상, 극장의 우상으로 나누어 분석하면서 인간은 있는 그대로 인식하는 능력이 부족하다는 말을 했어. 그와 동시에 베이컨은 우상을 제거하기가 쉽지 않다고 하면서 모든 지식은 오로지 경험에 기초해야 하며 참된 지식과 경험을 얻기 위해서는 우상을 버려야 한다고 주장했지.

베이컨이 말한 종족의 우상은 자기 종족만을 최고라 여기는 편견을 말하는데 여기서의 종족은 인간을 가리키지. 즉 모든 것을 인간의 관점에서 판단할 때 생기는 오류를 종족의 우상이라고 해. 인간이 가진 생물학적 특징이나 사회적 정서 및 편견을 통해 사물을 바라보고 이해하거나 해석하는 태도에 대한 비판이라고도 할 수 있어. 자연을 의인화해서 보는 것, 인간이 목적을 가지고 행동한다는 이유에서 다른 동물도 목적을 가지고 행동하리라 생각하는 것 등이 종족의 우상이지. 인간이 "까마귀는 고독을 좋아한다"느니 "새가 노래한다"느니 하고 말하는 것은 종족의 우상을 보여 주는 예라고 할 수 있어.

동굴의 우상도 있어. 깊고 넓고 커다란 굴을 동굴이라고 하잖아. 동굴에 갇혀 오래 생활하다 보면 다른 세상에 대해서는 전혀 알 수가 없게 되지. 따라서 자신의 문화나 종교만이 옳다고 생각할 때 발생하는 오류를 동굴의 우상이라고 한다. 평생을 동굴에서 살던 사람이 바깥에 나왔을 때 개인의 주관이나 선입견 및 편견을 가지고 세상을 바라봄으로써 나와 다른 세계를 이해하지 못하고 자신의 시각으로만 판단하려는 어리석음이 동굴의 우상인 거야. 개인이 가지고 있는 편견으로 인해 올바른 판단을 하지 못하는 것으로 이해하면 되겠지. "A 선수가 가장 뛰어나다", "B사 과자가 가장 맛있다"라고 주장하는 것 등은 동굴의 우상을 보여 주는 예라고 할 수 있어. 베이컨은 여러 사람과 협동하고 상호 비판하는 과정을 통해 이 우상을 극복하자고 제안하기도 했지.

다음으로 시장의 우상이 있어. 수많은 말들이 오가는 시장에선 헛된 소문과 과장된 말이 난무하잖아. 없는 것도 있다고, 있는 것도 없다고 하면서 A를 B라 하고, B를 A라 하지. 이렇게 시장에서 잘못된 이름이나 가격을 붙이듯 사물에 적합지 못한 이름을 붙여 사용함으로써 생기는 편견을 시장의 우상이라고 해. 언어가 있다고 해서 반드시 그에 대응하는 실재가 있는 것이 아닌데도 언어가 있으니 실재도 있다고 생각하는 오류지. 잘못된 언어를 사용함으로써 사물의 이해를 방해하는 오류라고도 할 수 있어. "인어가 있으니 인어라는 말이 있지"라고 말하는 것이 그 예가 될 수 있어.

마지막으로 극장의 우상이 있어. 소설이 허구인 것처럼 극장에서 상영하는 영화 역시 허구잖아. 그런데 사람들은 소설이나 영화를 현실이라고 착각하곤 하지. 극장의 우상은 권력자, 배우, 지식인의 말을 무비판적으로 수용하고 그들의 주장에 선동당할 때 발생하는 오류를 의미해. 권위나 지위를 가진 사람의 이론이나 주장이라고 해서 항상 옳을 수는 없는데도 그러한 이론이나 주장에 의지하려는 데서

생기는 편견을 말하지. 권위자의 말을 무비판적으로 믿고 그 명성에 의지해서 자신의 주장이 옳다고 우기는 식의 오류를 극장의 우상이라 하는 거야. "뉴스에 나온 이야기니까 맞겠지", "서울대 교수의 말인데 틀릴 리가 없어"라고 말하는 것이 그 예가 될 수 있지.

단어 순서로 찾기

157